한자의 이해

한자의 이해

최재준 박진수 이지원

역락

한자(漢字)는 적어도 19세기까지 동아시아의 보편적인 문자였다. 이 책은 처음에 한자가 만들어진 중국뿐만 아니라 한국과 일본 등 동아시아 주요 국가의 한자 문화를 시야에 넣고 '동아시아 보편 문자'로서의 한자를 이해하기 위해 기획되었다. 우리는 이러한 한자권 지역의 문화적 기초를 이룬 한자의 형성과 전파 및 정착 과정, 한자를 통한 상호 교류 등에 관해 오늘날의 다문화적 언어 상황을 염두에 두고 문명사적 관점에서 공부할 필요가 있다. 아울러 근대 서양 문물의 도래 이후 발생한 동아시아 문자 변화의 연장선에서 미래의 한자는 어떠한 방식으로 변용될 것인가에 대해 함께 생각해야 할 것이다.

과거 우리의 조상은 한자를 통해 기록하고 지식을 쌓고 생각하며 의사 전달하고 일을 하면서 세상을 만들어왔다. 삶의 모든 국면에 한자가 있었다. 그러므로 우리 동아시아인들의 과거를 이해하기 위해서는 반드시 한자를 알아야 하는 것은 당연한데, 지금 사용하는 한자는 처음 만들어졌을 때와는 모양의 차이가 상당하다. 3천여 년 전의 한자와 오늘날의 한자의 차이는 무엇이며 그 모양이 어떻게 변화되어 왔을까? 이 책은 이러한 한자학(漢字學)적 관심을 바탕으로 하고 있다.

그래서 우선 한문이나 중국어, 한국어, 일본어 등 한자와 직접 관련된 전공의 학생들로 하여금 한자에 대한 기초적인 지식을 쌓을 수 있게 했다.

그러나 이러한 한자 관련 전공이 아니더라도 대학생들의 교양에 도움을 주는 내용을 많이 담았다. 나아가 한자에 대해 좀 더 알고 싶어 하는 일반인들이 한자에 대한 풍부한 상식을 가질 수 있도록 구성했다. 따라서 이 책은 한자에 대한 약간의 관심과 흥미만 있다면 누구라도 한자와 관련된 전반적인 지식을 얻고 다양한 시각을 갖추게 될 것이다.

　　제1부 '한자의 역사와 문화'에서는 한자와 관련된 제반 상식적인 사항들을 다루었고, 제2부 '한자 자형의 변천'에서는 자형의 변화 과정을 각 시대, 명칭, 특징 등을 설명했다. 제3부 '동아시아와 한자'에서는 한자문화권에 속하는 한국, 중국, 일본 등 동아시아 국가의 한자 사용 양상을 살펴보고 그 의의를 생각해 보았다. 우리는 이 책을 통해 동아시아 지역에 있어서의 언어에 대해 인문학적 관점에서 사고하고 과거의 역사와 현재의 상황을 통해 바람직한 미래의 방향을 찾고자 한다.

2020년 12월
저자 일동

제1부 한자의 역사와 문화

제2부 한자 자형의 변천

제3부 동아시아와 한자

제1부

한자의
역사와 문화

1. 한자와 중국문화

미국의 유명한 언어학자 사피어(Edward Sapir, 1884~1939)는 "언어의 배후에는 내용이 있다. 그리고 언어는 문화를 떠나서는 존재할 수 없는데, 소위 문화라는 것은 사회가 전해 내려온 습관과 신앙의 총화로서 그것이 우리의 생활조직을 결정한다."라고 하였다.

예를 들면, 영어의 'pen(펜)'은 라틴어의 'penna'에서 온 것으로 원의는 'feather(깃털)'이다. 후에 펜의 재료는 변했으나 단어는 여전히 사용되고 있으며, 고대에 깃털의 의미를 가지고 있던 단어가 지금은 금속성 촉을 가진 문구를 대표하는 단어가 되었다. 현대 단어와 깃털의 관계를 분석해보면 우리는 고대의 펜의 유래를 알 수 있다.

또 'spinster'의 현재 통용되는 의미는 아직 시집가지 않은 노처녀를 가리킨다. 그러나 'spinster'의 구조를 분석해보면 '실 잣는 여자(one who spins)'의 의미가 있다. 이 단어가 본래의 의미에서 현재의 의미로 변화되기까지는 아마도 매우 오랜 시간이 걸렸을 것이다. 이런 순수한 문화적 사실로부터 우리는 방직기술이 고대부터 있었으며 그것은 여인의 손으로 이루어졌음을 알 수 있다. 이런 사실은 직접 역사적으로 증명할 수 있으나 순수한 언어로도 분석할 수 있다. 'spinster' 이 단어의 연대는 비교적 드물게 쓰이는 접미사 '-ster'를 가지고 확정할 수 있다. 왜냐하면 그것과 동일한 구조를 가진 것으로는 'huckster(소상인)', 'songster(가수)'와 고유명사 'Baxter(baker: 빵 굽는 사람)'과 'Webster(weaver:베 짜는 사람)'뿐이기 때문이다. '-ster'의 연대는 '-er' '-ist'보다 이르다.

한자 역시 중국문화를 반영하고 있는 중국문화의 화석이라 할 수 있다.

예를 들어, 財·貨·貢·贈·貸·賒·買·賣·賂 등은 모두 '貝'를 부수로 삼는다. 貝는 조개껍데기에 불과한데 왜 화폐의 뜻을 표현할까?

『說文解字(설문해자)』의 해설을 보면, "중국의 고대에는 조개껍데기를 사용하여 교역의 매개물로 삼았으며, 진(秦) 이후에 돈(錢)을 사용하였다.(古者貨貝而寶龜, 周而有泉, 至秦廢貝行錢. 凡貝之屬皆从貝.)"고 하였다. 이러한 고대의 화폐제도는 문자를 통해서 변화의 흔적을 찾아볼 수 있다.

1. 성(姓)

『설문해자(說文解字)』: "姓이란 사람이 태어나면서 갖는 것이다. 고대의 신성한 모친이 하늘에 감화하여 아들을 낳았으므로 천자라고 한다. 女와 生으로 구성되고 또한 生 소리를 따른다.(人所生也. 古之神聖母, 感天而生子, 故稱天子. 从女从生, 生亦聲.)『춘추좌전(春秋左傳)』에 "천자는 출생의 유래에 따라 제후에게 姓을 주었다.(天子因生以賜姓.)"라고 기록되어 있다.

일반적으로 사람들은 모두 부친의 성을 따르는데, 한자의 姓字는 女를 형부로 삼고 있다.

『설문해자』의 설명을 보자면 姓은 女와 生을 따르는 회의자(會意字)이

한자의 이해

다. '生'자는 초목이 흙 위로 자라나는 모양을 본뜬 한자로 여기서는 사람의 출생을 나타내며 '女'자는 사람이 태어나는 곳을 표시한다. 『설문해자』의 설명은 사람을 낳은 혈통을 표시하는 것이다. 우리는 '姓'자의 설명으로부터 고대 사람들의 관념 속에는 어린 아이의 성이 모친을 따랐음을 알 수 있다.

전국시대(戰國時代) 금문(金文)에 '𤯭'字 즉 亻과 生이 결합된 𤯭 字가 출현하는데, 이것은 혼인풍속의 변화에서 그 원인을 찾아볼 수 있다. 전국시대에는 한족의 결혼제도가 이미 독점혼인제도로 변화하였는데 그 주요한 특징은 남편의 아내에 대한 독점이다. 남자는 여러 아내를 얻을 수 있었지만 여자는 그럴 수 없었다. 이런 제도 하에서 자녀는 부친과 모친을 모두 알 수 있게 되었고, 이에 사람들은 자신들의 관념에 근거하여 亻과 生이 결합된 𤯭 字를 만든 것이다.

2. 취(娶)

'取'字는 『설문해자』에 "잡아 취하는 것이다. 又와 耳로 구성되어있다. 『주례(周禮)』에 포획한 자는 왼쪽 귀를 취한다.(捕取也. 从又从耳. 『周禮』: 獲者取左耳.)" 라고 되어있다. 『주례』의 내용은 전쟁에서 포로를 잡거나 적군을 죽이면 왼쪽 귀를 베어서 승리의 증거로 삼는 것을 말한다. 取字의 갑골자형(𦥑)에서도 손으로 귀를 취하는 모습을 살펴볼 수 있다.

갑골문에서도 '取'字는 '얻다'와 '아내를 얻다' 두 가지 용법이 다 사용되었으며, 한대(漢代) 이전의 문헌에는 여전히 取字가 娶의 의미로 쓰이고 있다. 예를 들면, 『시경(詩經)·빈풍(豳風)』 "벌가(伐柯)" 시에 "아내를 얻으려면 어떻게 해야 하나(娶妻如何?)"라는 구절이 있고, 『예기(禮記)·예운(禮運)』주(注)에 "남자는 삼십에 아내를 취한다.(男子三十而取)"는 설명이 보인다. 이런 문헌 기록을 통해 '잡아 취하다'의 取와 '결혼하다'의 娶는 처음에 모두 取로 쓰였는데 이것은 아내를 취하는 것이 일종의 무력적 강탈이었음을 증명한다고 볼 수 있다. 이러한 약탈혼 풍속은 『노걸대(老乞大)』에도 살펴볼 수 있다.

3. 혼(婚)

'婚'字는 『설문해자』에 "婚은 妻子의 집이다. 『주례』에 처자(妻子)를 취할 때는 어두울 때 하였는데 여인은 음(陰)에 속하기 때문에 婚이라 하였다. 女와 昏으로 구성되며 昏 소리를 따른다.(婦家也. 『禮』: 娶婦以昏時, 婦人陰也. 故曰婚. 从女从昏, 昏亦聲.)"

'婚'字가 '昏'을 따른 이유를 허신은 두 가지로 설명하고 있다. 첫째는 여인을 취할 때는 혼시(昏時)에 한다는 『주례』의 규정에 따른 것이고, 둘째는 여자는 陰에 속하기 때문이라 하였는데, 두 번째 이유는 당시 유행하던 음양오행설을 따른 억설이라 할 수 있다. 『설문해자』에 昏은 "날이 어두워지는 것이다.(日冥也)"라 하였다.

『주례』에서 어두울 때 아내를 취해야 한다고 규정한 것은 아마도 당시에 날이 어두울 때 신부를 맞이하는 것이 풍조였기 때문일 것이다. 고대에는 신부를 맞이하는 거마의복(車馬衣服)이 모두 검은 색이었는데, 이것은 바로 약탈혼의 흔적이라고 볼 수 있다. 약탈혼이란 남자가 여자 본인 및 그 가족의 동의 없이 여자를 강탈하여 자신의 처로 삼는 것이다. 이런 결혼방식은 자연히 충돌을 일으키므로 여자 가족의 저항을 피하고 도망에 편리하도록 해가 지고 어두울 때 진행했던 것이다. 그 후 인류문명의 진보에 따라 약탈혼은 다른 결혼방식으로 대체되었으나 일부 형식은 후대까지 전해졌는데 어두울 때 아내를 취하는 것은 바로 잔존하는 약탈혼의 형식 중 하나였고, 『예기(禮記)』에 기록된 "혼례는 축하하지 않는다.(婚禮不賀)" "딸을 시집보낸 집안은 삼일 밤 동안 촛불을 끄지 않으니, 이별을 생각함이요. 며느리를 맞이한 집에서는 삼일 동안 즐거움을 행치 않으니, 사친을 생각함이다.(嫁女之家三夜不熄燭, 思相離也, 娶婦之家三日不擧樂, 思嗣親也.)"라는 구절은 약탈혼에 따른 고대의 풍습이라 여겨진다. 지금도 운남성 리수족(傈僳族)은 상대 처녀를 납치해 3일 동안 숲에 숨겨놓아야 결혼이 성립되는 풍속이 아직까지 남아있다.

2. 문자학(文字學)과 한자학(漢字學)

1. 문자학 명칭의 기원과 근거

수업 과목명이 문자학인 경우가 있다. 문자학이라고해서 세계의 문자들을 연구대상으로 하는 것은 아니고 중국문자학을 대상으로 한다. 이 문자학이라는 명칭은 20세기 초에 사용되기 시작한 것으로[01] 지금가지 계속 사용되고 있으나, 중국에서는 마오저뚱(毛澤東)정부수립 이후 중국어나 중국문자라는 명칭은 현재 중국을 구성하고 있는 55개여 소수민족의 언어문자도 포함시키는 개념이 되므로 부적당하다고 보고, 중국어는 한어(漢語)로 개념정의를 다시 하였다. 그러므로 이제는 문자학(文字學)·중국문자학(中國文字學)이라는 명칭 대신 한자학(漢字學)이라는 명칭을 잘 쓰게 되고, 관계저서의 제목도 "(中國)文字學"에서 "漢字學"으로 많이 바뀌었다.[02]

---

01 장병린(章炳麟)이 1906년에 처음으로 "語言文字之學"이라고 했으며, 그의 제자인 전현동(錢玄同)과 주종래(朱宗萊)가 이를 이어받아 『文字學』(1912)이라는 책을 공저한 이후에 文字學이라는 명칭이 쓰이기 시작하였다.

02 최근에 "中國的文字"라는 책은 중국 소수민족들의 문자만을 다룬 것이 많다.

한자의 이해

그러나 이 한자학은 아직까지 한어라는 말처럼 완전히 보편화되지는 않은 듯, 최근에 출간된 책 중에 간간이 문자학이라는 제목이 눈에 띄기도 한다. 요즈음 중국에서 한자학이라는 제목으로 나온 책들을 보면 모두 서문에서 문자학보다 한자학이 보다 정확한 개념이라고 열심히 설명하고 있다. 그 이면을 들여다보면 文字學이라는 명칭에 대해 상당히 미련이 남아 있음을 엿볼 수 있으며, 지금까지 출간된 책들 중에서도 文字學이란 제목이 꽤 붙어있는 것을 보면, 文字學이라는 명칭의 뿌리가 상당히 깊다는 사실을 알 수 있다. 중국에서는 일찍이 수당(隨唐) 이후부터 문자(文字)·음운(音韻)·훈고(訓詁)의 세분과로 나누는 전통언어학(小學)분류법이 있었다. 여기서부터 문자학·음운학·훈고학의 삼자가 자연스럽게 병칭되어 왔다. 그렇기 때문에 지난 수십 년 동안 "문자학"은 당연히 "한어문자학(漢語文字學)"을 지칭하는 것으로 인식되어 왔으며, 아직도 "문자학"을 고수하는 학자들의 이론적 내지는 감정적 근거도 바로 이 전통에 있는 것이다.

2. 문자학? 한자학?

외국인으로서 객관적인 입장에 있는 우리는 수많은 소수민족들을 병합하여 통치해나가는 중국의 정치인과 지식인들의 정치성을 띤 배려와 조처에 휘말릴 필요는 없다. 우리가 여태까지 중국어로 불러오던 것을 중국에서 한어로 바꾸었다고 해서 하루아침에 우리도 한어라고 따라 부를 필요는 없다고 생각한다. 한어라고 해야 현재 한국의 일반사회에 그 의미가 잘 전달될 것 같지도 않고, 그대로 중국어라고 해서 중국 소수민족의 언어로 오인할 사람이 또 어디 있겠는가. 그러나 "한자"의 경우는 이와 다르다.

한자는 우리에게 너무도 익숙한 우리말이며, "중국문자"쪽이 오히려 생소하다. 이 한자의 경우는 다행이도 중국에서 선택한 명칭이 한국에서 익히 써오던 낱말과 일치하니 우리로서는 이를 마다할 이유가 전혀 없다. 중국 문자학보다 한자학이 훨씬 친근하게 우리 감각에 다가오기 때문이다.

앞으로 우리가 수업 대상이 한국의 한자(차용자)로서가 아니라 어디까지나 중국의 한자로서 다룰 것이라는 것을 언급할 필요가 있을 것 같다. 흔히 우리는 "한자"하면 한국어 속에서 쓰는 한자만을 머리에 떠올리기 때문이다.

3. 같으면서 다른 한자

1. 문자

문자란 특정한 언어를 표기하기 위해 많은 사람들의 약속을 통하여 일정한 방식으로 표현한 일종의 부호체계(符號體系)이다. 그런데 언어는 일정한 의미를 지닌 것이기 때문에 언어를 형체화한 문자는 그것을 이용하여 어떤 의미를 표현할 수 있어야 한다. 즉 문자란 사람들에 의해 약속된 방식으로 언어를 형체화시키며, 동시에 일정한 의미를 표현할 수 있는 부호체계라 말할 수 있다. 이러한 문자는 그 기능의 특성에 따라 표음문자(表音文字)와 표의문자(表意文字)로 나누어진다. 표음문자는 다시 음소(音素)까지 분리되는 음소문자(音素文字)와 그렇지 않은 음절문자(音節文字)로 나누어지는데, 이 중 표음문자는 단독으로 어떤 의미를 나타내는 단어로 사용되는 것이 아니라, 표음 기능을 가진 단독 혹은 조합을 통해 특정 의미를 지니는 단어로 만들어지는 것이 가장 큰 특징이다. 음소문자의 대표적인 것으로는 한글과 로마자가 있고, 음절문자의 대표적인 예로는 일본(日本)의 "가나"가 있다.

반면에 표의문자인 한자는 단독으로 하나의 단어를 표현하기 위해 형(形)·음(音)·의(義)를 모두 지닌 형태로서 존재하며, 이 중의 어느 한 요소가 결여되었다면 이는 한자로서 성립되지 않는다. 예컨대 산(山)을 그려 놓고 이를 "산"이라 읽지 않고, 단순히 산을 의미하는 그림으로 인식한다면 이는 하나의 도화에 불과할 뿐 한자로 볼 수가 없다. 마찬가지로 ≠는 부등식이라는 의미와 그 형체는 있으나 음(音)이 없으므로 이 역시 한자로 성립되지 못하는 단순한 부호에 불과할 뿐이다.

이와 같이 한자는 형부체계(形符體系)를 기본으로 하고 있기 때문에 다른 음부체계(音符體系)의 문자들과는 쉽게 구분된다. 다시 말해 한자는 형·음·의라는 세 요소가 반드시 갖춰져야만 문자로 성립될 수 있는 반면, 음부체계의 문자는 이들 중 어느 한 요소가 결여되었다 하더라도 문자라고 볼 수 있다. 예컨대 한글의 ㄱ이나 ㄴ, 영어의 알파벳 같은 음소(音素)들은 그 자체에 특정 의미가 없음에도 불구하고 이들의 조합에 의해 어떤 의미를 지닌 단어를 만들 수 있기 때문에 이들을 문자로 보는 것이다. 즉 이들은 여러 개의 음부(音符)를 결합하여 수많은 종류의 의미를 창출할 뿐이지 결코 그 자체로서 의미를 지니는 것은 아니다. 그러므로 음부체계의 문자들은 부호와 그다지 큰 차이가 없으나, 한자는 부호와 뚜렷이 구별된다.

2. 한자라고 해서 다 같은 한자가 아니다.

중국에서 사용된, 그리고 지금도 사용되는 문자인 한자는 '동아시아 지역의 공용 문자'라고 얘기되는 경우가 많다. 한자를 만들어 사용하고 있는 중국 외에 우리나라와 일본, 베트남, 싱가포르, 말레이시아 등지에서 모두 한자를 사용하고 있으니, '공용'이라는 수식어가 달라붙는 것도 이해할 만하다. 그렇다면 적어도 한자에 대한 지식만 있다면, 한자를 이용하여 그 네들과 정상적인 의사소통이 가능할까?

이 문제를 생각하기 이전에 동아시아 지역에서 한자가 어떠한 비중을 차지하고 있는지부터 알아보자. 중국에서 한자를 만들어 사용한 과정에 대해서는 앞으로 자세히 다룰 것이므로, 여기에서는 동아시아 지역 중 우리나라와 일본의 한자 사용에 관해서 간단히 살펴보기로 한다.

우리나라에서는 기원전 2-3세기 무렵 중국에서 한자가 들어온 이후, 한글이 만들어지기 전까지 우리의 말을 기록하는 문자로 한자가 사용되었고, 한글이 만들어진 이후 광복 이전까지도 공용문자로 사용되었다. 1945년 광복 이후 정부의 국어정책이 한글 전용화 쪽으로 방향이 잡혀 많은 한자 어휘가 한글로 변화되었으나, 신문이나 관공서 문서 등에서는 한자가 지속적으로 사용되고 있고, 현재까지도 많은 한자 어휘가 우리말 속에 녹아 사용되고 있다. 한글학회에서 펴낸『큰사전』의 통계에 의하면 총 16만여 어휘 가운데 한자어가 60% 이상을 차지하고 있다고 하니, 한자가 우리의 문화와 문자 생활에 얼마나 많은 영향을 끼쳤는지 알 수 있다.

그렇다면 우리나라와 '멀고도 가까운 이웃'인 일본에서는 한자가 언제부터 사용되었을까? 일본의 정사(正史)인『일본서기』에 서기 285년 백제로부터『논어』와『천자문』이 들어왔다는 기록이 있다고 하여 일본에는 3세기 말경 한자가 유입되었을 것으로 주장하는 사람도 있지만, 일반적으로 5세기 경부터 한자로 일본어를 표기하기 시작했다고 본다. 이후 현재까지 일본 정부에서 한자 교육 방침을 고수해 왔기 때문에 일본어 속에서도 한자어가 45-50% 정도를 차지하고 있다.

이처럼 우리나라와 일본만 놓고 보더라도 한자 사용이 광범위하고 어휘의 과반수이상이 한자어로 구성되어 있으므로, 한중일 3국의 국민들은 한자만 제대로 알면 말은 달라도 필담의 방식으로 의사소통이 가능할 것처럼 생각된다. 또 우리의 일상생활 속에 익숙하게 사용되는 한자에 대해 어느 정도 실력을 갖춘 사람들은 중국어를 본격적으로 배우기 전에 중국어를 만만하게 보는 경우도 있다. 하지만 정말 그럴까? 정말로 한자를 많이 알면 중국인과 필담이 가능하기 때문에 의사소통에 도움이 되고, 중국어를 전혀 모르던 사람이 중국어를 처음 배울 때 도움을 받을 수 있을까?

다음의 예들을 보자.

한국어	중국어
계단(階段)	樓梯(楼梯)
귀국(歸國)	回國(回国)
기차(汽車)	火車(火车)
사진(寫眞)	相片(相片)
소개(紹介)	介紹(介绍)
수영(水泳)	游泳(游泳)
영화(映畵)	電影(电影)
오후(午後)	下午(下午)
우유(牛乳)	牛奶(牛奶)
월요일(月曜日)	星期一(星期一)
자전거(自轉車)	自行車(自行车)
졸업(卒業)	畢業(毕业)
회사(會社)	公司(公司)

이처럼 동일한 한자문화권임에도 불구하고 우리말과 중국어는 어휘 사용이 다른 경우가 많기 때문에 중국어를 한마디도 모르면서 한자 지식만을 믿고 중국인과 필담으로 의사소통이 가능하리라고 생각했다가는 낭패를 볼 수 있다.

물론 우리말과 중국어에서 동일한 의미로 사용되는 한자어도 많으므로, 한자에 대한 지식이 중국어 학습에 많은 도움을 준다는 말은 사실이다. 문제는 중국어를 처음 배울 때 본문에서 사용되는 한자 단어 중에는 우리의 일상생활에서 자주 사용되지 않거나 형태가 완전히 다른 경우가 많다는데 있다.

중국어 초급 교재의 제1과 본문에서 흔히 볼 수 있는 문장이다.

A: 你好吗?　　　　　B: 很好.

A: 请坐!　　　　　　B: 谢谢.

A: 谢谢你.　　　　　B: 不客气.

가장 처음에 나오는 '你'라는 단어는 우리말 한자 어휘에서 찾아보기 힘든 단어이다. 형태만으로 보자면, '너, 당신'을 의미하는 '你'는 어쨌든 보면서 대충 베껴 쓸 수 있을 것 같은데, '吗'나 '请', '谢谢'는 아예 베껴 쓰는 것조차 어려운 필획으로 구성되어 있다. 중국어에 문외한인 사람들은 이게 정말 한자가 만나 싫어 어리둥절하겠지만, 다음 문장을 보면 생각이 달라질 것이다.

A: 你好嗎?　　　　　B: 很好.

A: 請坐!　　　　　　B: 謝謝.

A: 謝謝你   B: 不客氣.

이렇게 바꾸면 한자 실력으로 대충이나마 감을 잡을 수 있다. 우리말 한자어에서 잘 쓰이지 않는 '你'와 '嗎', '很' 등을 제외하면 '好'는 '좋아하다'라는 뜻이므로, '很好'는 대충 '좋습니다'라는 뜻이 될 것이고, '請'은 '청하다', '坐'는 '앉다'라는 의미이므로 '請坐'는 '앉으세요'라는 의미이며, '謝'는 '감사하다, 사례하다'라는 뜻이므로 '謝謝'는 '고맙습니다'라는 뜻임을 짐작할 수 있을지도 모른다.

하지만 이렇게 '미루어 짐작하는' 일도 바로 위의 문장처럼 우리가 아는 한자로 써 있는 경우에나 가능하지, 처음 제시했던 문장으로 도저히 추측할 방법이 없다.

그럼 첫 번째 인용문에서 사용된 한자는 중국어에서 사용되는 한자이고, 두 번째 인용문은 중국에서 사용된 한자를 우리나라에서 사용하는 한자로 바꾸어 놓은 것인가? 그렇지 않다. 첫 번째와 두 번째 인용문의 글자 모두 중국어에서 사용되는 한자이다.

눈썰미가 있는 사람은 금방 눈치 챘겠지만, 첫 번째 인용문의 한자는 두 번째 인용문에 비해 형태가 비교적 간단하다. 그렇기 때문에 첫 번째 인용문에서 사용된 한자를 '형체가 간단한 글자'라 하여 간체자(簡體字)라 하고, 두 번째 인용문에서 사용된 한자를 '형체가 복잡한(번잡한) 글자'라 하여 번체자(繁體字)라고 한다. 간체자는 중국 대륙에서, 번체자는 대만과 홍콩, 우리나라 등에서 사용되고 있는데, 우리나라는 1992년에 대만과의 국교를 단절하고 중국 대륙과 정식수교를 맺었기 때문에 중국어 교육 역시 대륙식 교육으로 선회하게 되었고, 이제 대부분의 중국어 학습은 간체자 위주로 진행되어 간체자를 모르고서는 중국어 학습이 불가능할 지경이 되

한자의 이해

었다. 간체자와 번체자는 모두 중국어에서 사용되는 한자임에도 불구하고 현재 우리나라에서의 중국어 교육은 간체자 위주로 진행되고 있고, 또 간체자에는 번체자와 형체상 차이가 많은 글자들이 포함되어 있기 때문에, 우리는 우리의 한자 실력만을 믿고 중국어를 만만히 볼 수 없게 되어 버린 것이다.

이처럼 우리나라와 중국에서는 동일한 한자 단어가 다른 의미로 사용되기도 하고, 한자는 한자인데 형체가 다른 한자를 사용하기도 한다는 점을 꼭 명심하도록 하자.

4. 한자라는 단어는 언제 처음 사용되었을까?

우리가 말하는 한자는 이를 연구하는 하나의 학문체계 속에서는 통상 문자라는 명칭으로 대체되어 왔다. 즉 한자를 연구하는 학문을 한자學이라 말해 왔으며, 이에 따라 그러한 한자학에서 다루어지는 한자를 일반적으로 문자라 부르기도 한다. 이는 고대로부터 이어진 전통적인 관습에 의해 붙여진 이름일 뿐, 엄밀한 의미에서 말한다면 문자란 한자를 포함한 이 세상의 모든 종류의 글자를 지칭하기 때문에 한자에 대한 정확한 명칭이 아니다. 그러나 위에서 언급한 것처럼 한자에 대한 전통적인 명칭 때문에 앞으로 나오는 文字도 한자를 의미하는 것으로 한다.

현재 우리가 사용하는 한자라는 명칭은 한자의 구조에 관계없이 어느 것에서나 통칭되는 것이지만 본래부터 한자라는 명칭으로 부른 것은 아니다. 학문연구가 발전되지 못했던 과거에는 글자에 대한 명칭들이 각기 달라서 고대에는 '명(名)', '서(書)', '문(文)', '자(字)' 등으로 불리었다. 또한 진대(秦代) 이후로는 "문자", 한대(漢代) 이후로는 "한자"라는 명칭이 생겨났다. 이들 명칭에 대해 옛 기록을 중심으로 살펴보도록 한다.

1. 명(名)

『주례(周禮)·춘추외사(春官外史)』에 "掌達書名于四方.(四方으로 하여금 글자를 알게 한다.)"라는 기록에 대해 정현(鄭玄)은 注에서 "古曰名, 今曰字, 使四方知書之文字, 得能讀之.(예전에는 名이라 하였으나, 지금은 字라 하는 것으로서 이는 四方으로 하여금 글자를 알게 하여 능히 이를 읽을 수 있도록 한다는 뜻이다.)"라 하였고, 『논어·자로』에 "必也正名乎.(반드시 글자를 바로 잡아야 한다)"라는 기록에 대해 정현의 주에 "正名, 謂正書字也. 古者曰名, 今世曰字. 禮記曰, 百名以上, 則書之於策. 孔子見時教不行, 欲正其文字之誤.(正名이란 글자를 바로 잡는다는 말이다. 예전에 名이라 한 것은 지금은 字라 한다. 『예기』에 "백 글자 이상은 책(策)에 기록했다"는 말이 있다. 공자는 시교(時教)가 행해지지 않는 것을 보고 문자의 그릇됨을 바로 잡으려 했다.)"라는 말이 나오는데, 위의 기록으로써 고대에는 글자를 "명(名)"이라 불렀다는 것을 알 수 있다.

그러면 왜 한자를 "명(名)"이라 했을까? 이를 알기 위해서 "名"이란 글자가 가지고 있는 의미를 살펴볼 필요가 있다. 『설문해자』에 의하면 "名, 自命也, 從口夕. 夕者, 冥也. 冥不相見. 故以口自名.(名이란 자신의 이름을 말하는 것으로서((命과 名은 통용)), 이는 口字와 夕字가 합쳐 이루어진 글자이다. 夕이란 어둠을 뜻하는 것으로서 어둠 속에서는 서로 보이지가 않으므로 입으로 자신의 이름을 불러 알린다.)"라 말하고 있다. 즉 名이란 본래 이름을 뜻하는 것인데, 이름이란 것이 소리에 의해 불리는 것으로서 어둠 속에서도 부를 수가 있는 것이다. 『설문해자』의 이와 같은 해설에 의한다면, 한자를 "名"이라 하는 것은 바로 한자가 가지고 있는 형·음·의 삼요소 중 성음(聲音)적인 측면을 고려한 명칭임을 알 수 있다.

2. 서(書)

『설문해자 · 서』에 "倉頡之初作書.(창힐(倉頡)이 처음 글자를 만들다.)"라 하였고, 또 "箸於竹帛謂之書.(죽백(竹帛) 위에 기록한 것을 書라 한다.)"라 하였으며, 공영달(孔穎達)의 『상서서정의(尙書序正義)』에 "書者舒也. 書緯璿璣鈐云, 書者, 如也. 則書者, 寫其言, 如其意, 情得展書也.(書란 펼친다는 뜻이다. 『서위선기검(書緯璿璣鈐)』에 "書란 같다는 뜻이다."라 말했는데, 이 말은 書란 표현하고자 하는 뜻을 언어로 써서 그 언어의 뜻과 같게 함으로써 자기의 마음이 펼쳐지도록 한다는 의미이다.)"라고 기록되었다. 이는 "書"가 문자의 의미로 사용되었음을 말해 준다.

그렇다면 "書"의 본래의 의미는 무엇인가? 『설문해자』에 의하면 "書, 著也.(書란 드러나게 하는 것이다.)"라 하였으니, "書"는 죽백(竹帛)이나 목판(木版) 위에 쓰거나 새긴 것 모두를 지칭한다. 또한 갑골문(甲骨文) "𦘒"을 보면, "書"는 붓으로 어디에 쓰는 형상을 본떠 만든 글자이다. 그러므로 한자를 "書"라 말하는 것은 한자란 무엇인가에 의해 쓰여 지는 것이기 때문인 것으로 보인다.

3. 문(文)

『좌전』에 "於文止戈爲武.(글자에 있어서 止字와 戈字가 합쳐서 武字가 된다.)"라 하였고, 『논어』에는 "史闕文.(史書에 글자가 빠졌다.)"라 하였으며, 『중용』에 "書同文.(같은 글자를 쓴다.)"라 하였는데, 여기서 말하는 "文"이란 모두 글자를 가리키는 것이다. 『설문해자』에 의하면 "文, 錯畫也.(文이란 그림을 교차

한자의 이해

시켜 놓은 것이다.)"[01]라 하였으므로, "文"이란 여러 선(線)을 서로 교차시켜 만
든 "무늬"를 의미한다. 한자도 선으로 이루어진 무늬의 일종이기 때문에
이와 같이 이름 지어진 것으로 보이며, 이는 한자의 형체적인 측면에서 말
한 것으로 보인다. 또한 구조적인 면에서 "文"은 독체(獨體)를 지칭하기도
한다.

4. 자(字)

『여씨춘추』에 "有能增減一字者, 予千金.(能히 한 글자라도 증감시켜 내용을 변경시킬
수 있는 사람이 있으면 내가 천금을 주겠다.)"라 하였고, 『설문해자』에 "其
後形聲相益, 卽謂之字. ……字者言孶乳而寖多也.(그 후 형부(形符)와 성부(聲
符)를 합하여 다시 새로운 글자들을 만들었는데, 이를 字라 한다.……字란 이 文들이 늘어
나서 많이 만들어진 것을 말한다.)"라는 기록이 보이는데, 여기서 말하는 "字"는
모두 글자를 지칭하는 것이다. 그러나 『설문해자』에서 볼 수 있는 것처럼,
"字"는 文을 기본으로 하여 하나의 한자가 만들어지고, 또 그것을 바탕으
로 새로운 한자가 만들어진 조자(造字)과정까지 포함하는 명칭이다. 따라
서 한자를 "字"라 부르는 것은 바로 한자 조자의 발전적인 측면에서 붙여
진 이름임을 알 수 있다.

01　"文"은 甲骨文의 字形 分析에 의하면, 사람의 가슴에 그림 형태의 무늬를 그려 넣은
모양으로서 본래의 의미는 "무늬"이며, 후에 여기서 의미가 확대되어 "글자"의 의미
를 갖게 된 것이다. 『설문해자』에서는 小篆의 字形에 근거하여 이를 "錯畫"의 의미로
해석하고 있는데, 字形에 대한 정확한 분석은 아니지만 의미상으로는 일맥상통하고
있다.

5. 문자(文字)

시기적인 관점에서 한자의 명칭에 관한 위의 기록들을 살펴보면, 춘추 (春秋) 이전에는 "書"나 "名", "文"이라는 명칭만 존재했을 뿐, "字"라는 명 칭이 사용된 것은 전국(戰國) 이후라는 것을 알 수 있다. 그래서 고정임(顧亭 林)은 『일지록(日知錄)』에서 "春秋以上言文不言字.(春秋 이전에는 文이라 불렸을 뿐, 字란 명칭을 사용하지 않았다.)"라 말하고 있다. 더 나아가 이들 명칭들은 모두 한 글자로 이루어진 것들이었으며, 글자가 만들어진 후 상당 기간이 지날 때까지 결코 오늘 날 우리가 말하는 문자니 혹은 한자니 하는 복합명 사로 불린 것은 아니었다. "文字"라는 복합명사로서 처음 사용된 것은 진 시황 28년(B.C. 219)에 세워진 랑야각석(琅邪刻石)의 "書同文字(文字를 같게 쓴 다.)"라는 기록부터이며, 이로써 우리가 지금 사용하고 있는 "文字"란 명칭 은 진대(秦代)부터 사용된 것이라는 것을 알 수 있다.

그렇다면, "文字"라는 명칭이 이 때에서야 나오게 된 까닭은 무엇일까?

한자에는 하나의 형체로 이루어진 글자도 있는 반면, 두 개 이상의 글 자가 합쳐 이루어진 글자도 있기 때문에, 고대에는 이에 대한 구분이 엄격 했다. 이에 따라 복합명사인 文字라는 명칭은 고대에는 "文"과 "字"로 엄 격히 구별되어 사용되었던 것이다. 허신의 『설문해자·서』에 의하면 "倉 頡之初作書, 蓋依類象形, 故謂之文. 其後形聲相益, 卽謂之字. 文者物象之 本, 字者言孳乳而浸多也.(창힐이 처음 글자를 만들 때, 사물의 형상을 본 떠 만들었는 데, 이를 文이라 하며, 그 후 형부와 성부를 합하여 다시 새로운 글자들을 만드는데, 이를 字 라 한다. 文이란 만물의 근본이요, 字란 이 文들이 늘어나서 많이 만들어진 것을 말한다.)" 라 하였다. 여기서 "文"이란 "山"이나 "木", 혹은 "一"이나 "五" 같은 단순 한 형체만으로 만들어진 것으로서, 이 글자들의 일부분을 제거하면 어떠

한자의 이해

한 글자로도 성립될 수 없다. 반면에 "字"는 "仙"이나 "休" 같이 두 개 이상의 글자가 합쳐 이루어진 것이므로, "仙"을 "人"과 "山"으로 갈라놓아도 그들 자체로서 글자로 성립된다. 그래서 단옥재(段玉裁)는 "獨體爲文, 合體爲字.(文은 독체(獨體)이고, 字는 합체(合體)이다.)"라 말하고 있다. 그러나 "文"과 "字"는 모두 한자를 의미하기 때문에, 후에 합쳐져 "文字"라는 복합명사로 정착되었다.

6. 한자(漢字)

그러면 이 "문자"가 "한자"로 불린 것은 언제부터일까? "한자"란 "漢나라의 글자 혹은 한족(漢族)의 글자"라는 뜻이기 때문에, 아무리 빨라도 漢 이후에 만들어진 명칭임에는 틀림없다. 또 이 한자가 우리나라에 전래된 것이 한사군(漢四郡) 설치(B.C. 108) 이후로 추측되기 때문에, 중국에도 당시에 "한자"라는 명칭이 있었을 것이다. 그러나 "한자"라는 명칭이 그 당시에 이미 존재했을 것이라는 사실을 증명할 만한 기록이 아직 보이지 않아, 이에 대한 정확한 시기를 고찰한다는 것은 매우 어렵다. "한자"라는 명칭이 정식으로 기록된 것은 『원사(元史)·병지(兵志)』이다. 『元史』에 의하면 "造蒙古漢字文冊以聞, 其總數蓋不可知也.(몽고의 글자로 된 글을 만들어 이를 전하도록 했는데, 그 총 숫자는 알 수가 없다.)"라 하여 "한자"는 몽고문자에 대한 설명과정에서 "한족의 문자"라는 의미로 사용되었다. 그런데 『원사』가 쓰인 시기가 명대(明代)이므로, "한자"라는 명칭이 사용된 것은 한 이후 명대 이전으로 보아야 할 것이다.

5. 고대 중국의 한자학

한자라는 말을 쓴 것이 명대부터이니 고대 중국에서 한자에 관한 학문을 한자학이나 중국문자학으로 불렀을 리는 만무하다. 그렇다면 고대 중국에서는 한자에 관한 학문을 무엇이라고 불렀을까? 아니, 한자에 관한 연구가 있기는 했을까?

결론부터 말하자면, 중국에서 한자에 관한 연구는 기원전 1-2세기 경, 즉 한대(漢代)부터 이미 시작되었다. 기원전 1-2세기라면, 우리나라에 한자가 전래되었을까 말까 한 시기인데, 이 때 중국에서는 이미 한자에 대한 연구가 시작되었다니 정말 놀라운 일이다.

고대 중국에서는 한자에 관한 학문을 소학(小學)이라고 불렀다. 소학은 본래 어린 아이들을 모아 가르치는 초등 교육기관을 가리키는 말이었다. 주대(周代)에는 여덟 살이 되면 소학에 입학하고 열다섯 살이 되면 고등 교육기관인 대학에 들어갔다고 하는데, 소학에 입학하면서 우선 글자부터 배웠기 때문에 언어와 문자에 대한 학습을 소학이라고 부르게 된 것이다. 또 한대 이후 경학(經學)을 "큰 학문"이라는 의미의 대학으로 숭상하게 되면서부터, 언어와 문자에 대한 연구는 어디까지나 '미언대의(微言大義)' 즉

한자의 이해

"미묘한 말 속에 깊은 뜻이 담긴" 경학을 해석하기 위한 수단으로 보는 경우가 많았으므로, 대학에 상대되는 의미, 즉 보잘 것 없는 학문이라는 어감도 담아 속학으로 불렀을 것으로 생각된다.

이처럼 한자는 소학이라는 이름하에 한대부터 본격적으로 연구되기 시작하였다. 중국 최초의 통일 정부는 진시황이 세운 진대였고, 이 때 화폐와 도량형은 물론 문자의 통일까지 이루어졌지만 워낙 짧은 기간에 세워졌다가 사라진 왕조이기 때문에 집중적이고 지속적인 연구가 불가능할 수밖에 없었다. 그 뒤를 이어 세워진 한대는 진대와 마찬가지로 통일 정부였고, 존속 기간이 400년 이상이었으며, 이때부터 경서에 대해 연구하는 경학이 국학(國學)으로 자리를 잡으면서 문장에 담긴 의미를 제대로 파악하기 위한 차원에서 글자의 의미에 대해 심도 깊은 연구가 시작되었다.

한대에 한자 연구가 활발해진 데는 또 다른 배경이 있다. 소위 금고문경(今古文經) 논쟁이 그것이다. 진대를 계승하여 천하를 통일한 한대 초기에는 유가를 포함한 여러 학술사상이 함께 흥성하다가, 정치적 통일을 위해 사상적인 통일이 요구되면서 한무제 때 통치 계급의 정치적 목적에 적합한 유가가 한대의 정통 사상으로 확립되고 기타 사상들은 퇴조하게 되었는데, 이런 과정을 통해 유교의 경전을 연구하는 경학이 관학(官學)으로 자리 잡히고 경학을 전수하는 담당자인 오경박사(五經博士)가 세워지게 된다. 그런데 진대에 있었던 그 유명한 분서갱유(焚書坑儒)로 인해 당시 전해지는 경전이 없었기 때문에, 유가들은 기억에 의존하여 당시에 통용되던 예서(隸書)라는 글자체로 경전을 다시 쓰고 거기에 통치자의 정치적 요구에 합당한 방향으로 주석을 붙였는데, 당시에 통용되던 글자(今文)로 적힌 경전이라 하여 이것을 금문경(今文經)이라 불렀으며, 금문경을 중심으로 형성된 학파를 금문학파(今文經學派)라고 했다.

한편 한초인 헌제(惠帝) 4년부터 진대의 분서(焚書)를 피해 감춰뒀던 책들이 다시 세상에 나오게 되었는데, 이 때 나온 것이 고문(古文)으로 쓰여진 『효경(孝經)』, 『좌전(左傳)』 등이다, 경제(景帝) 때에는 옛 노(魯)나라 지역에 있는 공자의 옛집의 벽 속에서 역시 고문으로 쓰여진 『상서』, 『예기』, 『춘추』, 『논어』, 『효경』 등 수십 편의 경전이 발견되었다. 이를 '(공자네) 벽 속에서 나온 책'이라는 의미에서 '벽중서(壁中書)'라고 부르는데, 발견 당시 사람들은 이 수십 편의 경전에 쓰인 글자체가 진에서 사용된 대전(大篆)이나 소전(小篆)이라는 글자체와도 다르고, 당시에 통용되던 예서와도 달랐기 때문에 이를 아주 오래된 상고 시대의 글자체로 오인하여 고문(古文)이라고 불렀으며, 이 고문으로 쓰여진 경전들을 고문경(古文經), 그리고 고문경을 연구하는 학자들을 고문경학파(古文經學派)라고 했다.

그런데 서한 말기에 사회 전반이 혼란해지면서 고문경학파는 통치 계급의 지배 사상에 반기를 들게 되었고, 당시 정부의 학문, 즉 관학의 지위를 차지하고 있던 금문경학파와도 맞서게 되었다. 금문경과 고문경의 가장 기본적인 차이는 문자에 있었기 때문에, 금고문학파의 논쟁 속에서 문자에 대한 논의가 활발히 일어나게 되었던 것이다. 고문경학가들은 당시 통용되던 글자인 예서에 대해 비판적인 입장이었다. 예서는 이미 시대적으로 뒤 늦은 문자여서 원래의 자형에 비해 이미 많은 변화가 생긴 상태이기 때문에 금문경학가들처럼 예서를 근거로 한자의 자형을 설명하면 많은 오류를 범할 수밖에 없다고 인식했던 것이다. 그들은 고문이 당시 금문경을 기록한 예서보다 시대적으로 앞선 문자라고 생각했다. 또 금문경은 구전되던 것을 기록한 것이므로 불완전하다고 보았으며, 고문경이야말로 성인의 말씀을 보다 온전하게 보전하고 있는 기록이라고 여겼다. 하지만 이 고문은 그들이 접하던 소전이나 예서에 비해 괴이한 자형이 많았기 때문에 쉽게 해독하기가 어려웠다. 고문경의 가치를 확인하고 금문경학가를 멋지게 KO패 시켜야 할 텐데, 글자 자체를 해독할 수 없으니 어쩔 수 없이 그 문자의 자형과 의미 연구에 매진할 수밖에 없었다.

그리하여 고문경학을 처음 제창했던 서한 말의 유흠(劉歆)이 한자 자형의 구성 원리를 연구하여 한자를 처음 만들 때 사용된 조자법(造字法)으로 육서(六書)를 내세웠고, 이러한 고문경학자들의 연구 성과를 바탕으로 중국 최초의 문자학 전문저서인 허신의 『설문해자』가 저술되는 등, 한대에는 글자의 의미와 자형 연구에서 많은 발전을 이루게 되었다.

한편 위진남북조 시기에 불교가 중국에 유입되면서 불교 경전도 함께 유입되었는데, 불경은 표음문자인 산스크리트(Sanckrit)어로 되어 있었으므로, 불교를 이해하기 위해서는 자연히 표음문자의 음운 체계를 알아야 했고, 그에 따라 자신들이 사용하는 언어와 저절로 비교하게 되면서 그동안 미처 깨닫지 못했던 중국어의 음운 체계와 성조를 새롭게 인식하기 시작했다. 또 위진남북조 시대에는 이전 시대에 비해 시문(詩文)에서의 운율을 더더욱 중시하여 시의 압운을 정할 때 도움이 되는 운서(韻書)가 만들어지기 시작하였고, 이러한 배경 속에 음운에 대한 연구가 발달되기 시작하였다.

이처럼 한대에는 한자에 대한 연구가 처음 시작되어 주로 자형과 의미 측면에서의 연구가 이루어졌고, 위진남북조 이후에는 한자의 음운 방면도 본격적으로 연구되기 시작하여, 한자의 형체와 소리, 의미 즉 형·음·의에 관한 연구가 각기 문자학·음운학·훈고학으로 나뉘어 독립적으로 발전하게 되었으며, 중국에서는 한자의 형음의를 연구하는 학문을 통틀어, 전통적으로 소학(小學)이라고 불렀다.

6. 한자는 언제, 어디에 썼을까?

21세기, 뉴밀레니엄을 살아가는 우리들이 가장 많이 애용하는 필기도구는 무엇일까? 어린아이들에게 손에 잡히는 모든 것이 쓰기 도구가 된다. 벽에 펜이나 크레파스로 알 수 없는 글자를 끄적데대고, 담장에 분필로 낙서를 하기도 하고, 심지어는 손바닥에 뭔가를 쓰며 재미있어하기도 한다. 어린아이들에게는 자기의 생활 반경에 있는 모든 사물이 쓰기 도구가 될 수 있다. 그러다가 학교에 들어갈 때 쯤 되면 펜과 종이가 공식적인 필기도구가 되고, 컴퓨터를 본격적으로 다루는 10대 중반부터는 학교에서는 펜과 종이를 그대로 쓰지만 집에만 돌아오면 펜 대신 컴퓨터 자판을, 종이 대신 모니터를 이용하여 뭔가를 기록하기 시작한다.

경제적인 여유가 생기는 20대부터는 휴대가 가능한 노트북이나 테블릿을 필기도구로 이용하는 경우가 많다. 지금도 여전히 많은 학생들이 노트와 펜으로 필기를 하고 있지만, 노트북, 테블릿을 들고 와 강의 내용을 받아 적는 학생들도 심심치 않게 찾아볼 수 있다.

하지만 아직까지도 종이와 펜은 대중에게 외면되지 않는 필기도구이다. 한동안 E-mail의 유행으로 기존의 일반 우편량이 극감했다는 얘기가 들리더니, 이제는 거꾸로 인터넷에 쓴 편지를 출력하여 종이에 활자화한 후 우편으로 배달해주거나, 아예 인터넷에서 작성한 내용을 사람이 종이에 직접 손으로 써서 편지를 배달해주는 서비스까지 등장하고 있다니, 종이와 펜의 위력은 컴퓨터 모니터와 자판에 밀리지 않고 그 긴 생명력을 한동안 더 지속할 것처럼 보인다.

그렇다면 이처럼 대중에게 사랑 받는 종이와 펜은 언제 처음 등장했을까? 우선 글자를 쓰는데 사용되는 소재부터 이야기해보자. 종이는 한대에 채륜(蔡倫)이 처음 발명했다고 전해져 오지만, 최근 전국시대의 것으로 보이는 종이가 발견되었다고도 하니 종이의 발명은 한대 이전의 일일 것이다. 다만 그 종이의 발명자라고 일컬어지는 이유는, 제지법을 개량하여 글자를 쓰기 편하게 만듦으로써 종이를 대중적으로 널리 보급하는데 공헌한 인물이었기 때문으로 추측되고 있다.[01]

종이의 발명이 전국시대에 이루어졌건 한대에 이루어졌건, 어쨌든 글자를 쓰는 소재로 종이를 사용하게 된 것은 한대의 일이 분명하다. 그렀다면 한대 이전에는 한자는 어디에 썼을까?

요즘 아이들이 벽을 자신의 낙서 장소로 애용하는 것처럼, 고대 중국인들도 글자를 쓸 때 돌을 소재로 사용했을 것이라는 점을 쉽게 추측할 수 있다. 현재까지 발견된 유물들을 근거로 볼 때 돌이 글자를 쓰는 소재로 이용되기 시작한 것은 은대(殷代)에 들어와서이며,[02] 전국시대나 진대에 간간히 사용되다가 한대에 들어오면서 돌은 글자를 스는데 광범위하게 사용되

---

01   아쯔지데쯔지(阿辻哲次1994:289), 『한자의 역사』, 학민사 / 시동디스커버리103(2000), 『종이』(일상의 놀라운 사전), 시공사 참고.

02   은허(殷墟) 부호묘(婦好墓)에서 나뭇가지나 기둥에 매달아 치는 경(磬)이라는 타악기가 발견되었는데, 이 타악기는 돌로 만들어진 것이며, 그 안에 글자가 새겨져 있다.

어 현재까지 이어지고 있다.

인류의 문명은 석기시대 → 청동기시대 → 철기시대의 발전과정을 거쳤으므로, 돌은 원시시대부터 그들 삶에서 각종 다양한 소재로 이용되었다. 따라서 중국에서도 석기시대부터 글자를 쓰는 소재로 이용되었을 것 같지만, 사실 석기시대의 중국에서는 돌에 새겨진 글자가 보이지 않는다.

중국의 문자, 즉 한자는 신석기 중기부터 보이기 시작하는데, 주로 깨진 도기(陶器) 파편에 한 두 글자를 써넣은 것이어서 이를 '도기에 쓰여진 문자'라는 의미의 '도문(陶文)'이라고 부른다. 학계에서는 이것을 갑골문 이전의 문자로 보는 입장과 문자가 아닌 단순한 부호로 보는 입장이 대립하고 있다. 이를 문자라고 본다면, 신석기 시대의 문자는 도문 밖에 보이지 않으므로, 새로운 문물이 발견되기 전까지는 글자를 쓰는데 이용된 강장 오래된 소재로 도기를 꼽아야 할 것이다. 그런데 신석기 시대에는 저장용, 취사용, 제사용으로 만들어진 각종 도기가 사용되었을 뿐만 아니라 돌과 뼈, 나무, 조개껍질로 만든 다양한 형태의 농기구가 대량으로 출토되고 있으므로 이들은 모두 글자를 쓰는 소재로 선택될 여지가 있다. 그런데 왜 하필 도기일까?

이는 문자가 처음 만들어져 사용되었을 때, 문자를 어디에 사용했는가? 라는 목적과 밀접한 연관을 지닌다. 흔히 문자는 의사소통에 사용되는 언어를 시각화한 부호라고 설명되지만, 상고시대의 문자는 인간과 인간 사이의 의사소통에 사용되는 언어를 시각화한 부호가 아니라, 인간과 신 사이의 의사소통에 사용되는 언어를 시각화한 부호라고 보는 편이 옳다. 殷代에 사용된 甲骨文은 조상신에게 점을 친 내용이 주를 이루고, 周代에 주로 사용된 청동기물은 본래 조상을 제사지내는 종묘(宗廟)에 바침으로써 조상의 영혼을 위로하며 신의 가호를 비는데 이용되었던 것이다. 이처럼

한자의 이해

고대인들에게 문자가 신성한 것이었다면, 신석기 시대의 각종 사물중 제사용으로 사용된 도기에 문자를 새겨 넣었을 가능성이 높다.

청동기 시대인 은대(殷代)에 들어오면 갑골문이 사용된다. 몇 글자 안 되긴 하지만 돌에 새겨진 문자도 있고, 또 청동기나 도기에 새긴 문자도 있으나 이는 갑골문에 비해 극소수이다. 갑골문은 지금으로부터 약 3,000여 년 전인 商代 후기에 사용된 문자로, 거북의 배껍질(腹甲)과 소 어깨뼈(牛肩胛骨), 소의 다리뼈나 늑골, 두개골, 사슴의 두개골이나 사슴의 뿔, 코뿔소나 호랑이뼈, 심지어는 사람의 두개골을 사용한 것도 있으므로, 殷代에 글자를 쓰는데 사용된 소재는 거북껍질과 뼈 조각이 주로 사용되었다고 할 수 있다.

주대(周代)에는 갑골문의 수가 줄어들고 대신 청동기물에 글자를 새긴 금문(金文)이 주로 사용되었으므로 주대에는 주로 청동기물이 글자 쓰는 소재로 사용되었다고 할 수 있지만, 청동기물의 글자는 기물을 만들 때 우선 찰흙이나 나무판에 글자를 새긴 후 말렸다가 그것을 청동기 거푸집에 끼워 주조하는 과정을 거친 것이므로, 보다 정확히 말하자면 주대에 글자를 쓰는데 사용된 소재는 청동기물이 아니라 찰흙이나 나무판이라고 할 수 있다.

전국시대부터는 글자 쓰기와 관련된 다양한 소재들이 유물로 출토되고 있는데, 그 이전 시대를 이어 청동기물이 계속 사용되긴 했으나 청동기물의 글자 수가 급격히 감소된 것으로 보아 청동기물은 더 이상 글자를 쓰는 소재로 애용되지 않았던 것 같다. 대신 호남성(湖南省) 장사(長沙)에 있는 전국시대 초나라 무덤에서 죽간과 비단(비단에 쓰여진 글자를 백서(帛書)라 하며, 초나라 무덤에서 발견된 백서를 초백서(楚帛書)라 한다)이 발견되었고, 전국시대 진나라의 유물로 큰 북 형태의 돌에 글자를 새긴 석고(石鼓)가 출토된 것을 볼 때, 전국시대에 들어서면서부터는 청동기물 대신 대나무조각과 비단, 돌 등이 글자를 쓰는 주 소재로 사용되었음을 알 수 있다.

전국을 통일한 진대에는 대나무 조각과 돌이 글자를 쓰는 주 소재로 사용되었다. 현재까지 발견된 죽간의 총수량은 약 2,000여 점이며, 그 중 호북성 운몽현(雲夢縣)에서 발견된 죽간 1,100여 점이 진대의 것이다. 한편 2002년 6월 호남성 서부 용산현(龍山縣) 이야고성(里耶古城)에서 진대의 죽간 2만여 점이 발견되어 화제가 되고 있는데, 이를 보더라도 진대에는 대나무조각이 글자를 쓰는 소재로 광범위하게 사용되었음을 알 수 있다.

이밖에 진시황이 각지의 산에 세운 돌비석도 유명하다. 진시황은 태산(泰山)을 비롯한 총 7군데의 산에 자신의 공적을 칭송하는 문장을 돌에 새겨 세워 놓았다고 하는데, 이를 진각석(秦刻石)이라하며, 이때부터 돌에 글자를 새기는 풍습이 유행하여 현재까지 이어지고 있다.

이처럼 글자를 쓰는 소재를 돌이 각광받게 된 이유에 대해 일본의 아쯔지데쯔지(阿辻哲次)는 다음과 같이 적고 있는데, 옳은 설명이라 생각된다.

> 고대 중국에서는 갑골이라든가 청동기라든가 글자를 쓰는 데에는 꽤 특수하다고 해도 좋을 소재가 처음으로 사용되었는데, 그것은 선택된 결과가 아니고 처음부터 선택의 여지가 없는 것으로서 설정되어 있었으며, 거기에 글자가 적힌 것이다.
>
> 거꾸로 말하면, 글자란 무릇 무엇에 써도 좋다는 그런 성격의 것이 아니고, 처음부터 소재가 결정되어 있었던 것이다.
>
> 그러나 시대와 더불어 사회의 종교성이 희박해지고, 인간과 글자와의 관계도 변화해 갔으며, 글자가 말을 거는 상대, 곧 글자를 '읽는 쪽'은 신에게서 인간으로 옮아왔다. 글자는

오로지 언어를 기록하기 위한 부호가 되었으며, 글자를 쓰는
소재도 특수한 것에 한정시킬 필요가 없게 되었다. 그 때 글
자를 적는 사람의 눈에 비친 것은, 근처 어디에라도 있고 내
구성도 뛰어난 돌의 존재였다.

이래서 돌은 이후 글자를 쓰는 소재로서 차츰 많이 사용되
었으며, 마침내 후한(後漢)시대에는 경서(經書)의 석경이 세워
지고 개인의 공적을 기리는 석비가 흔히 만들어지게 되었다.

석고(石鼓)와 진시황의 각석(刻石)은 글자가 신의 것으로부터
인간의 것으로 된 것을 보여주는, 말 그대로 기념비라고 해도
좋다.(『한자의 역사』, 학민사, 265-266.)

한대에 들어와 종이가 사용되기 이전, 글자를 쓰는 소재로 사용되었던
것으로는 백서와 죽간, 목간, 돌(石刻) 등이 있다. 우선 호남성 장사(長沙)市
동쪽 마왕퇴(馬王堆)의 무덤에서 백서가 발견되었는데, 마왕퇴란 10세기 중
반 장사 지역을 다스렸던 마은(馬殷)의 무덤이라는 의미에서 붙여진 이름
이지만, 실제로는 그보다 훨씬 오래된 한대의 유적이라고 한다. 따라서 마
왕퇴에서 출토된 백서, 즉 마왕퇴백서 역시 한대의 유물로 간주된다.

다음으로 한대에 사용된 죽간과 목간을 한간(漢簡)이라 부르는데, 돈황
(敦煌) 동굴 속에서 발견된 돈황한간(敦煌漢簡)과 한대 거연성(居延城)이 있던
지역에서 발견된 거연한간(居延漢簡)이 있다.

그리고 한대에는 경학이 발전하면서 경서의 내용을 돌에 새겨 비석으
로 세우는 석경(石經)이 만들어지기 시작하는데, 동한(東漢)시대 희평(熹平)
연간에 채옹(蔡邕)이 세운 희평석경(熹平石經)이 유명하며, 이 밖에 개인의
공적을 돌에 새긴 돌비석도 많이 남아 있다.

결론적으로 서사 도구로 종이가 발명되고 실용화되기 이전에 한자를 쓸 때는 도기, 뼈조각, 돌, 청동기, 비단, 대나무조각, 나무조각 등이 사용되었는데, 글자를 쓰기 편할 정도의 너비와, 기록한 내용을 오래 보존할 수 있는 내구성을 갖춘 것 가운데 주변에서 쉽게 구할 수 있는 것이라면 무엇이든 다양하게 이용되었음을 알 수 있다.

발굴된 유물을 근거로 이들 도구들을 시간 순서대로 나열하자면 도기→돌→뼛조각→청동기(내의 찰흙)→대나무→비단→나무→종이의 순이 되겠지만, 꼭 이들 순서대로 소재가 변화되었다고 말할 수는 없다. 대나무나 비단, 나무 등은 썩기가 쉽기 때문에 현재 발견되지 않고 있는 것일 뿐, 갑골문과 금문에 죽간이나 목간을 나란히 묶은 형태를 본떠 만든 '책(冊, 𠕋)'이라는 글자가 있었으므로, 갑골문과 금문시대에도 대나무나 비단, 나무 같은 소재가 그리 많이 사용되었을 것 같지는 않다.

글자를 쓰는데 사용된 소재가 이처럼 다양했던데 비해 도구의 종류는 상대적으로 간단하다. 도기의 경우에는 붓으로 그려 넣거나 돌칼처럼 뾰족한 도구를 이용하였을 것으로 추정되고 있는데, 붓으로 글자를 쓴 대문구(大汶口)유적지의 도문은 약 4,300년 전의 것으로 추정되므로, 붓은 아주 오래 전부터 사용되었던 필기도구임을 알 수 있다.

은대의 갑골문은 거북껍질이나 뼛조각이 주 소재였는데, 거북껍질이나 뼛조각은 워낙 단단한 소재이고 또 은대의 유적지인 은허에서 옥이나 구리로 만든 칼이 발견된 것으로 보아 갑골문에 글자를 기록할 때에는 칼이 주로 사용되었을 것으로 보인다. 또 갑골문에는 먹을 사용하여 써넣은 글자도 있고, 갑골문에 손으로 붓을 잡은 모양을 본 뜬 '붓 율(聿, 𦘒)'자도 있으므로, 은대에는 붓도 많이 사용되었을 것으로 생각된다.

주대에 많이 사용된 청동기물에서는 찰흙에 글자를 먼저 새겼으므로

한자의 이해

대나무나 나무로 만든 주격이 이용되었을 것으로 추정되고 있다.

죽간과 백서에서도 붓이, 석각에서는 칼이 사용되었으며, 한대 이후 종이가 널리 보급되면서부터 글자를 쓰는 도구는 붓이 우세를 점하게 된다.

7. 한자가 만들어진 방식

어떠한 이론에 따라 사물이나 사건이 만들어지기도 하고, 반대로 그것들이 만들어지고 상당 기간이 지난 후에 이에 상응하는 이론이 만들어지기도 한다. 대체적으로 논리학이 발달된 곳이나 시기에는 이론이 먼저 존재한 후 그에 따른 사물이 만들어지지만, 그렇지 못한 경우에는 사물의 발생 이후에 이론이 출현한다. 한자의 경우에는 처음 만들어졌을 당시에는 글자를 만드는 방법에 관한 어떠한 이론도 존재하지 않았으나, 이후 많은 한자들이 만들어지고 사용된 이후에 한자의 造字法에 대한 연구가 어느 정도 이루어지면서 한자는 여러 사람이 만든 것이기는 하지만 글자를 만들어낸 방법에 있어서는 결코 많은 방식으로 만든 것은 아니라는 것을 알게 되었고, 이것을 체계화시켜 소위 "육서이론(六書理論)"을 정립하였다. 즉 한자를 만들기 이전에 육서라는 표준을 설정해 두고, 이 여섯 가지 표준에 맞추어 한자를 만들어낸 것이 아니라, 후세 사람들이 한자들의 조자법을 분석하여 귀납한 결과, 한자의 조자법이 대략 여섯 가지로 이루어졌음을 알게 되었고, 이것을 "육서"라고 명명한 것이다.

처음 한자의 조자법으로써 "육서"가 등장한 이후, 상당 기간 동안 한자의 조자법은 육서 이외의 것은 인정되지 않았으나, 후세 학자들의 지속적인 연구 결과, 육서 이외의 새로운 조자법들이 주장되었다. 현재의 시점에 보면 육서가 모든 한자의 조자법을 포용하는 완정한 조자이론은 아니지만, 가장 오랜 기간 동안 가장 보편적인 이론으로써 존립해 왔으므로, 이들에 대한 전반적인 사항을 살펴보는 것은 한자의 조자법을 연구하는데 있어서 필수적이다.

1. 허신(許愼)의 육서

허신은 모든 글자의 자형구조를 육서에 의거하여 분석하였다. 자형구조를 분석한 것은 물론 본의(本義)를 캐기 위해서이다. 육서는 보통 한자가 형성된 여섯 가지 원칙이라고 말한다. 『설문해자』의 핵심은 무엇보다도 역시 이 "육서"에 있다. 역대로 이어져 내려온 전통소학의 연구주제는 거의 모두 『설문해자』의 육서설이었기 때문에, 이 육서에 대한 학문적 축적은 방대하다. 허신의 육서설 이라는 제한된 자료만 가지고 한자의 구조를 이미 천년이나 캐어왔으니 사실 이제 더 이상 밝혀낼 것이 없다고 하여도 과언이 아니다.

『설문해자 · 서』에 나오는 허신의 육서에 대한 설명을 보자.

> 周禮八歲入小學, 保氏教國子, 先以六書.
>
> 一日指事者, 視而可識, 察而見意, 上下是也.
>
> 二日象形者, 畫成其物, 隨體詰詘, 日月是也.
>
> 三日形聲者, 以事爲名, 取譬相成. 江河是也.

四曰會意者, 比類合誼, 以見指撝, 武信是也.

五曰轉注者, 建類一首, 同意相受, 考老是也.

六曰假借字, 本無其字, 依聲託事, 令長是也.

『주례』에 제후의 자제가 8살에 소학에 들어가면 보씨(保氏)가 먼저 육서로 가르친다고 한다.

첫째가 지사(指事)이다. 지사라는 것은 한번 보아서 알 수 있고, 살펴서 그 의미를 알 수 있는 것으로, '上'字와 '下'字가 이것이다.

둘째가 상형(象形)이다. 상형이라는 것은 사물의 굴곡에 따라 그 형체를 그려 만든 것으로, '日'字와 '月'字가 바로 이것이다.

셋째가 형성(形聲)이다. 형성이라는 것은 사(事)로써 명(名)을 삼고 비(譬)를 취해 이를 名과 합하여 만드는 것으로서, 江, 河가 이것이다.

넷째가 회의(會意)이다. 회의라는 것은 여러 자형을 결합하여 그 의미들을 합하여 그것이 뜻하는 것이 무엇인가를 살펴보는 것으로써, '武'字와 '信'字가 여기에 속한다.

다섯째가 전주(轉注)이다. 전주라는 것은 류(類)를 세워 하나를 부수로 삼은 것으로 의미가 같은 것을 서로 받는 것으로서, '考'字와 '老'字가 여기에 속한다.

여섯째가 가차(假借)이다. 가차라는 것은 본래 그 의미를 나타낼 수 있는 글자가 없어서 소리에 의거하여 일을 기탁하는 것으로서 '令' '長'이 바로 여기에 속한다.

한자의 이해

2. 육서의 내용

1) 상형

허신은 『설문해자 · 서』에서 "象形者, 畫成其物, 隨體詰詘, 日月是
也.(상형이라는 것은 사물의 굴곡에 따라 그 형체를 그려 만든 것으로, '日'字와 '月'字가
바로 이것이다.)"라고 하였다. 象形이란, 말 그대로 사물의 형상을 본떠 만든
글자를 지칭한다. 즉 한 사물의 실체를 취해 이를 형상화한 것이 바로 상형
이다.

하나의 글자가 상형이 되려면 상형문은 독체로 구성되어야 한다. 또한
상형은 (1)순형(純形) (2)변형(變形) (3)생형(省形)으로 나누어 살펴볼 수 있다.

(1) 순형(純形)

한 사물의 모양을 본 떠 만든 자이다. 사물의 형상 자체를 변형하거나
생략하지 않고 눈에 보이는 그대로를 그린 것이다.

馬 : 『설문해자』에서는 "馬(小篆: 馬)란 말의 머리와 꼬리, 네 발의 형상
을 그려 만든 것이다."라고 했다. 갑골문 馬의 자형을 보더라도 이 字는 말
의 형상을 그대로 본떠 만든 字임이 분명하다.

高 : 『설문해자』에서는 "高(小篆: 高)는 높다는 뜻이다. 樓臺의 높은 모
양을 그린 것이다."라고 했는데, 즉 '高'字는 높은 누대(樓臺)의 모양을 형상
화한 字이다. 갑골문 高 자형 역시 높은 누대의 모양을 본 뜬 것으로, 상형
이다.

또한 상형은 사물의 형상을 그려 만든 것이므로, 기본적으로는 사물의
전체 형상을 그려야 하지만, 필요한 경우에는 그 중의 일부만을 그릴 수 있

고, 또 같은 형상의 여러 개를 그릴 수도 있다. 예를 들어 '牛'字나 '羊'字의 갑골문은 '¥'와 '◊'으로써, 소와 양의 전체를 그린 것이 아니라, 특징적인 부분, 즉 소와 양의 뿔과 머리 부분만을 그려서 만든 字이다. 또 '晶'字는 별의 모양을 그려 만든 字인데, 하나의 별로는 의미가 명확하지 않기 때문에, 의미를 분명하게하기 위해서 여러 개의 별 모양을 그려서 만든 字이다.

① 欠 (禿)

'欠'字의 갑골문은 禿(甲 3729), 禿(庫 1945)으로 상단 부는 사람이 입을 벌린 형상이고 하단부는 사람이 꿇어 앉아있는 모양을 본뜬 것으로, 즉 입을 통하여 무언가를 하는 것을 표현한 글자이다. 이런 형상으로는 하품을 할 경우도 있고, 탄식을 할 수도 있으며, 물을 마실 수도 있는데, 하품을 하거나 숨을 세게 내쉰다는 의미를 강조하는 경우에는 '口'字를 더해 '吹'字가 생겨났고, 탄식을 한다는 의미를 강조하는 경우에는 '歎'字가 만들어졌으며, 물을 마신다는 의미를 강조하는 경우에는 '飮'字가 만들어졌다. 이러한 동작의 기본이 되는 글자가 바로 이 '欠'字이다. 그러나 이 글자만을 두고 말한다면 이는 "숨을 내쉬다"라는 의미가 기본 의미라고 할 수 있을 것이다.

② 工

'工'字의 갑골문은 ᄌ(甲 1161), ㅗ(續 1.5.1)인데, 이효정(李孝定)은 이를 규구(規矩), 즉 목수들이 사용하는 일종의 줄긋는 도구를 그려 만든 글자로서 이 규구가 공구이므로 인신되어 "工作"의 의미를 갖게 된 것이라 보고 있는 반면, 강은(康殷)은 도끼의 일종인 자귀의 머리 부분을 그려 만든 상형자이고, 규구를 본떠 만든 것은 工이 아니라 '巨'字라 말하고 있다. 그런데 자례상(字例上)으로 보아 '巨'字가 편방으로 사용된 '矩'字는 사람이 규구를

한자의 이해

들고 일하는 모양이므로 '巨'字의 본의는 규구의 모양을 그린 것이고, '工'字가 편방으로 사용된 '功'字는 어떤 연장인지는 모르지만 연장을 가지고 일하는 의미이고, '攻'字는 연장을 가지고 남을 공격한다는 의미이므로 그 연장에 해당하는 '工'字는 분명히 규구는 아니다.

사실 '工'은 담을 쌓을 때 사용되는 도구이다. 고대에는 진흙을 사용해서 담을 쌓은 경우가 많았는데, 담의 두께에 해당되는 폭만큼을 공간으로 두고, 그 양쪽 부분에 긴 막대기를 이용해서 옆으로 뉘운 채로 양쪽에서 쌓아 올려 담장에 해당되는 공간을 만든 다음, 그 안에 진흙을 넣고 이 '工'을 이용하여 다진다. 그리고 진흙이 굳으면 그 막대기들을 떼어 내서 다시 담장의 공간을 만들어 위와 같은 방법을 반복함으로서 원하는 높이와 길이의 담장을 만든다. 위의 '工'에서 하단부인 네모진 부분은 흙을 다지는 무거운 돌로 만들고 윗부분은 그것을 잡아 올렸다 내렸다 할 수 있는 손잡이로 사용된 것이다.

③ 甲 (中)

'甲'字의 갑골문은 ＋ (甲 870), 田 (鐵 215.2)으로, 곽말약(郭沫若)은 이것이 물고기의 비늘 모양을 그린 상형자라 하였고, 임의광(林義光)은 가죽의 열문(裂紋)이라 말하고 있으며, 강은은 방패의 모양을 본떠 만든 글자라 했고, 손해파(孫海波)는 돌 상자(石函)의 모양을 그려 만든 것이라 말하고 있다.

그러면 이에 대해 자의와 자례상으로 살펴보기로 하자. '甲'字는 "갑옷"이라는 의미가 있는데, 갑옷은 적의 무기로부터 몸을 방어하기 위한 것이므로 단단해야 하며, 또 몸을 둘러싸야 한다. 그렇기 때문에 '甲'字에는 "단단하다"라든가 혹은 "둘러싸다"라는 의미가 약간 내포될 수밖에 없는데 이러한 것은 '甲'字가 편방으로 사용된 다른 글자들의 예에서 살펴볼 수 있다. 우선 '甲'字를 편방으로 하면서 "단단하다"라는 의미가 들어간 글자들을 살펴보자. "누르다"라는 의미를 지닌 '押'字, "쇠로 만든 갑옷"이라는 의미의 '鉀'字, "문빗장"이라는 의미의 '閘'字, "견갑골(肩胛骨)"을 의미하는 '胛'字 등이 모두 단단하다는 의미를 지니고 있다. 또 "가까이하다"라는 의미의 '狎'字나, "산허리"를 의미하는 '岬'字, "상자"를 의미하는 '匣'字에는 모두 "둘러싸다"라는 의미와 연관이 있다. "오리"라는 의미의 '鴨'字의 경우에는 오리의 발이 넓적하므로 둘러싸서 단단히 한다는 의미와 통한다. 즉 '甲'字의 의미가 "갑옷"이기 때문에 '甲'字에서 파생되어 나온 글자들은 모두 위와 같은 의미를 지니게 된 것이다. 이를 반대로 해석한다면 '甲'字에서 파생된 글자들의 의미가 위와 같으므로 '甲'字의 본의가 "갑옷"임을 반증해주고 있다고 볼 수 있다.

위와 같은 점을 염두에 두고 위의 여러 학자들이 주장한 내용을 다시 고찰하면 古代의 갑옷은 가죽으로 만들었기 때문에 임의광의 주장이 가장 사실에 근접하다고 볼 수 있을 것이다. 하지만 자형상으로는 '甲'字의 갑골문이 너무 간단한 모양을 하고 있기 때문에 임의광의 주장도 확실하다고는 단언할 수가 없다. 어쨌든 나진옥(羅振玉)에 의하면 이 '甲'字는 위에서 예로 든 글자 중 첫 번째 글자에서 보이는 것과 같이 십자형을 취하고 있기 때문에 갑골문의 '七'字인 十과 흡사해 혼동할 여지가 많아 두 번째 글자처럼 '田'字의 형태를 취하게 되었고 이 형태가 금문까지 계속되었는데, 이 역시 '田'字와 모양이 비슷해 혼동의 여지가 있었기 때문에 전문(篆文)에 와서는 지금의 '甲'字의 형태로 모양이 바뀌었다고 한다.

④ 我

'我'字의 갑골문은 ㄲ(甲 949), ㄲ(前 4.45.4)으로, 병기의 모양을 그려 만든

한자의 이해

상형자이다. 창과 유사한 병기이지만, 봉인(鋒刃) 부분이 셋으로 갈라진 형상을 취하고 있어 '戈'字에 해당되는 창과 구별되며, 창과 도끼의 중간에 해당되는 병기로 추정되고 있다. 후에 가차되어 복수로서의 "우리"라는 의미를 지니게 되었는데, 지금은 단수로서도 사용되고 있다. 본래 고어에서는 단수로서의 "나"라는 의미로 '짐(朕)'字를 사용했었다.

⑤ 若 (🔣)

'若'字의 갑골문은 🔣(藏 6.2), 🔣(前 3.27.4)으로, 사람이 무릎 꿇고 두 손을 위로 들고 있는 형상을 그린 상형자이다. 본래는 상대의 강압에 의해 무릎 꿇고서 처분을 기다리는 형상을 본떠 "항복하다"라는 의미를 나타냈는데, 후에 인신(引伸)되어 "허락"의 의미를 갖게 되었다. 한편, 상대방의 처분에 따라 그와 똑같이 행동할 수밖에 없는 처지이므로 "같다"라는 의미도 갖게 되었는데, 이로 인해 '若'字의 의미가 혼동되자 "허락"이라는 의미를 강조하기 위해 '言'字를 추가하여 '諾'字가 만들어지게 되었다.

⑥ 王 (王)

'王'字의 갑골문은 🔣(乙 7795), 🔣(甲 3358反), 🔣(佚 426)으로, 이는 짧은 자루의 도끼를 그려 만든 상형자이다. 도끼의 용도는 커다란 대상을 찍거나 자르는 데만 있는 것이 아니라 잘라낸 것을 다듬는데도 사용되고 또 전투에도 사용된다. 그렇기 때문에 그 편리성에 따라 장병(長柄)의 도끼는 주로 찍거나 자르는데 사용되고, 단병(短柄)의 도끼는 다듬거나 싸움에 사용된다. 또한, 도끼를 사용하는 사람은 주로 남자로서, 남자들은 이 도끼를 이용하여 사냥을 하거나 땔감의 채취, 심지어 타 종족과 전투도 한다. 특히 단병인 '王'字에 해당되는 도끼는 하나의 연장인 동시에 이를 사용하는 사람이 훌륭한 전투 요원일 가능성이 높기 때문에 가장 싸움을 잘하는 통치자의 상징이 되기도 한다. 즉 '王'字의 본의는 "도끼"나 인신되어 "군주"의 의미가 된 것이다.

　　⑦ 龠(龠)

　'龠'字의 갑골문은 ϯϯ(前 5.19.2), ϯϯ(後 1.4.3)으로, 관악기 여러 개를 묶어 만든 일종의 편관악기를 그려 만든 상형자이다. 상단부의 ϯϯ은 관악기의 구멍을 나타낸 것이고, 하단부는 이들을 묶은 것을 표현한 것이다. 그런데 이것은 대나무로 만든 것이 많기 때문에 후에 '竹'字가 추가되어 '籥'字가 만들어졌으며, 또 금속으로 만든 것이 나타나자 다시 '竹'字 대신에 '金'字가 추가되어 '鑰'字가 만들어지기도 했다. 또 악기란 본래 소리가 조화를 이루는 것이기 때문에 '和'字가 추가되어 "조화"의 의미를 지닌 '龢'字가 만들어졌는데, 자형이 복잡해 쓰기가 불편하자 악기에 해당되는 부분을 그것과 의미가 통할 수 있는 '口'字로 대체한 '和'字가 만들어졌다. 지금 통용되는 것은 대부분이 '和'字이다.

　　(2) 변형(變形)

　　변형은 기존의 독체자의 자형의 일부를 변형시키거나 위치를 바꾸어 새로운 의미를 만들어 내는 방법이다.

　　① 大와 夨, 夭, 交

　'大'字의 갑골문은 ϯ(甲387), 成人의 형상을 그려 만든 象形字이다. 이 자형을 變形시켜 만든 것으로 '夨', '夭', '交'字가 있다. 먼저 '夨'은 갑골문이 𣥐(乙5317), 𣥐(後2.4.14)이며, 머리를 옆으로 눕혀 그린 형태로 "죽다"라는 의미를 표현한 것이고, '夭'字의 갑골문은 𡗜(後2.4.13), 𡗛(甲2810)으로, 사람이 두 팔을 흔들면서 달려가는 形象을 그린 것이며, '走'字의 初文이다. '交'字의 갑골문은 𡚒 (甲806), 𡚒(甲961)으로, 두 다리를 꼬아 놓은 形象을 취하게 함으로써 "교차하다"라는 의미를 표현했다.

② 人과 尸, 卩

'人'字의 갑골문은 𠆢(甲792), 𠆢(乙1938反)이며, 이는 사람의 모습을 옆에서 보고 그린 象形字이다. 후에 이 '人'字를 변형시켜 생겨난 글자로 '尸'字와 '卩'字가 있는데, 먼저 '尸'字의 갑골문은 𡰢(後1.13.5), 𡰤(粹1198)으로, 사람이 앉아있는 모습을 표현한 것이며, '卩'字의 갑골문은 𢀳(乙9077), 𢀳(前5.18.5)으로, 사람이 무릎을 꿇고 있는 모습을 표현한 글자이다.

③ 首와 𥄂

'首'字의 갑골문은 𦣻(前6.7.1), 𦣻(前6.17.6), 𦣻(前6.17.7)으로, 이는 머리의 모양을 그려 만든 상형자이다. 그리고 '𥄂'字는 갑골문이나 금문에는 보이지 않고 전문(篆文)의 형체는 𥄂인데, 이는 '首'字를 거꾸로 뒤집어 만든 것이며 의미는 머리를 잘라 거꾸로 걸어놓는다는 "倒首"이다. 『설문해자에서 '首'字의 고문(古文)을 𦣻 라고 밝혀놓았는데, 이것과 비교하면 아래 위의 위치를 거꾸로 바꾼 것임을 알 수 있다.

④ 目과 臣

'臣'字의 갑골문은 𦣽(乙 524), 𦣽(甲 2904)이고, 금문은 𦣽(金文編 0387 小臣鼎), 𦣽(金文編 0387 臣爵)으로, '目'字와 마찬가지로 사람의 눈을 그려 만든 상

형자이다. 기본적인 자형은 같지만 '目'字와는 달리 수직 방향으로 쓰였다는 차이점을 지니고 있다. 이러한 차이는 금문에 와서 더욱 두드러져서 금문의 '臣'字는 완전히 수직 방향으로 세워져 있고, '目'字는 수평으로 쓰여 있다. 글자의 구조상으로는 '目'字나 '臣'字 모두 사람의 눈 모양을 그린 것이긴 하지만 만들어진 의도가 다르기 때문에 서로 구별해야 한다. '目'字는 단순히 사람의 눈을 의미하기 위해 만든 글자이므로, 정면에서 사람의 눈을 보고 그대로 그렸기 때문에 수평 방향으로 그려질 수밖에 없다. 그러나 '臣'字는 임금과 신하 관계에 있는 사람만을 의미한다. 그런데 고대 중국의 예제에서는 군신이 서로 한 자리에 있는 경우, 임금은 신하보다 높은 자리에 위치하고, 신하는 상대적으로 낮은 자리에서 임금을 위로 쳐다보게끔 되어 있다. 즉, 신하는 임금을 쳐다볼 때 눈이 위로 향하게 되기 때문에 신하를 표시하는 글자를 만들 때 눈의 모양을 약간 상향으로 그려 만든 것이며, 이는 '目'字의 변형이라고 볼 수 있다.

(3) 생형(省形)

이는 기존 독체 상형자의 형체를 일부 없애는 방법으로 새 글자를 만드는 것을 말한다.

① 大와 兀

'兀'字의 갑골문은 ʔ(乙5627反), ʔ(鐵45.3)으로, '大'字의 갑골문 ★(甲387)와 비교해보면, 이 '兀'字는 '大'字에서 나온 것으로 사람의 머리가 생략된 형태라는 것을 알 수 있다. 즉 '兀'字는 '大'字의 머리 부분을 없앰으로서 "머리를 자르다(斷首)"라는 의미를 나타내고 있다.

② 子와 孑, 孓, 了

'子'字는 어린아이의 모습을 그린 상형자이고, '孑'字는 주문(籀文)이
Ϙ로서, '子'字에서 오른쪽 팔에 해당하는 부분을 없애 만든 글자이며, '孓'
字는 籀文이 Ϙ로서 '子'字의 왼쪽 팔에 해당되는 부분을 없애 만든 글자
이다. '了'字는 양쪽 팔을 모두 없애 만든 글자이다. 즉, 이 글자들은 팔을
없앰으로써 주변에 친지가 없어 외롭다는 의미를 나타내고 있다.

③ 鳥와 烏

까마귀는 전신이 검기 때문에 그 눈을 식별하기가 어렵다. 그렇기 때
문에 '鳥'字에서 눈을 생략시켜 '烏'字를 만들었다. 까마귀는 새끼가 자라
면 어미를 먹여 살리는 새이기 때문에 "孝鳥"라고도 한다.

2) 지사(指事)

허신은 『설문해자·서』에서 "事者者, 視而可識, 察而見意, 上下是
也.(지사라는 것은 한번 보아서 알 수 있고, 살펴서 그 의미를 알 수 있는 것으로, '上' '下'
가 이것이다.)"라 하였다.

단옥재는 注에서 "一의 위에 있는 것도 있고, 아래에 있는 것도 있는
데, 한번 보아서 上인지 下인지를 알 수 있고, 자세히 살펴보면 上下의 의
미를 알 수 있다."라고 했다. 단옥재에 의하면 지사란 일종의 부호에 의해
그 의미가 드러나도록 만든 글자를 말하는데, '上'字나 '下'字의 경우 기준
선이 되는 '一'의 형태를 가로로 긋고 그 선의 상단부에 하나의 획을 더하
여 '위'라는 개념을 갖도록 한 것이 '上'字이고, 아래에 획을 더하여 '아래'

라는 의미를 갖게 한 것이 '下'字인 것이다.

이러한 字들은 허신이 말한 "視而可識"에 속하는 것들로, 모든 지사자가 이렇듯 한번 보아서 그 의미가 분명히 드러나는 것은 아니다. 예를 들어 '刃'字의 경우는 칼을 그려 만든 상형자인 '刀'字에 칼날의 위치를 표시하는 부호를 추가함으로써 "칼날"이라는 의미를 갖게 되었는데, 이러한 字들은 자형에 대한 자세한 고찰 없이 한번 보아서 그 의미를 파악하기는 쉽지 않다. 즉 이러한 字들이 허신이 말한 "察而見意"에 속하는 지사인 것이다. 이러한 예를 들면 다음과 같다.

亦 : 갑골문 夹, 금문 夶, 소전 夾 모두 사람의 정면 모습을 그린 '大'字와 겨드랑이 부분을 가리키는 지사부호로 이루어져 있다. 즉 '亦'은 사람의 겨드랑이를 가리키는 지사자이다.

本 : 금문 㞷, 소전 㞷 나무를 상형하는 '木'字의 뿌리부분에 지사부호가 더하여진 字로, 나무의 뿌리를 가리키는 지사자이다.

이상과 같이 지사란 부호로써 사상의 뜻을 표시하는 것으로 '事'는 본뜰 수 있는 구체적 형체가 없기 때문에 다만 추상적인 부호로 표시하는 것으로서 약간의 상징성을 가진 부호를 사용하거나 이미 있는 상형자에 다른 부호를 덧붙여 추상적인 일의 이치를 가리킨다.

지사자가 되려면 두 가지 조건을 갖추어야 한다.

첫째, 지사자는 반드시 위치, 수량, 상태 등을 나타내는 지시성의 부호를 갖추어야만 한다. 예를 들어 '上'字나 '下'字의 경우, 위치를 나타내는 부호에 의해 그것이 '위', '아래'라는 개념이 나타나며, '刃'字의 경우에도 부호의 위치에 의해서 '칼의 날'이라는 의미가 나타난다. 또 '一'이나 '二'와 같은 숫자도 부호의 수량에 의해 '하나', '둘'이라는 의미가 나타난다. 만일 이러한 지시적 부호들의 위치나 상태, 수량이 다르면 그 의미는 완전히 달라지므로, 지사자에 있어서 부호의 위치나 상태, 수량은 매우 중요하고 고정적이어서 자형의 변천과정에서도 커다란 변화가 없이 유지되었다.

둘째, 지사자는 상형과 마찬가지로 독체로 구성되어야 한다. 일부 지사자의 경우, 합체의 성격을 가진 것도 있으나, 이 경우 회의나 형성처럼 각각이 모두 독립된 성분의 결합이 아니라 구성 성분의 일부로써 존재하는 것이다. 즉, 전체가 합쳐져야 하나의 온전한 글자가 될 수 있는 것이지, 분리된 하나하나가 字를 이룰 수는 없다. 예를 들어 '上'字의 경우에 기준선과 윗부분의 획을 분리시키면, 이들은 독립된 글자로써 성립되지 않으며, '刃'字의 경우에도 '刀'字와 점을 분리시키면, '刀'字는 단독으로 하나의 문자로 성립될 수가 있으나, 분리된 '점'은 단독으로 하나의 문자로 성립될 수 없고, 또한 아무런 의미를 지니지도 못한다. 즉 반드시 '刀'字와 결합되어야만 '칼의 날'이라는 의미를 지니게 된다. 따라서 합체지사의 경우에도 상형과 마찬가지로 회의나 형성과 같은 합체자와는 구별된다.

① 皿과 血

'皿'字의 갑골문은 ♀ (甲2473), ♀(乙6404)으로, 그릇의 형상을 그려 만든 것이다. '血'字의 갑골문은 ♀(鐵50.1), ♀(前4.33.2)으로, 그릇의 안쪽에 도형 (ｏ) 을 추가시켜 희생의 피를 묘사함으로써 피를 의미하게 되었다. 이것은 피를 의미하는 글자를 만들고자 할 때, 피의 형체를 그릴 수 없었기 때문에 당시에 신(神)에게 제사를 지낼 때 희생된 피를 그릇에 담아 사용하는 것을 이용하여, '皿'字에 피를 의미하는 도형을 추가하여 만들어 낸 것이다.

② 木과 果

'木'字는 나무의 모양을 그린 상형자이다. '果'字의 금문은 ♥(金文編

0754 果篇)으로, 나무 위에 과일이 열려 있는 형상을 그려 만든 것이다. 이것은 과일의 형상을 나타내는 부분인 (⊕)을 '木'字 위에 위치시킴으로서 그 의미를 확실하게 한 것이다.

③ 目과 眉

'目'字는 눈의 모양을 그려 만든 상형자이다. '眉'字의 갑골문은 ⚭(拾14.3), ⚭(後2.31.4)으로 눈썹(ᐱᐱ)을 첨가하여 만든 것이다. 눈썹만 그리면 의미가 분명하지 않기 때문에 눈(ⴀ)을 추가하여 의미를 분명하게 나타내었다.

④ 大와 夫, 立

'大'字는 성인의 모습을 그려 만든 상형자이다. '夫'字의 갑골문은 ᘔ(乙1874), ᘔ(乙2267)으로, '大'字에서 머리 부분에 한 획(一)을 그은 형상인데, 이 획은 성인의 머리에 꽂은 비녀를 의미한다. 고대의 남자들을 비녀를 사용해 머리를 묶었기 때문에 비녀를 의미하는 것(一)을 '大'字 위에 첨가시켜 만든 것으로 "성인 남자"라는 의미를 나타냈고, 후에 인신(引伸)되어 "결혼한 남자"를 의미하였다. '立'字의 갑골문은 ᘔ(甲820), ᘔ(甲1603)로, 사람이 서 있다는 의미를 나타내기 위해 땅을 의미하는 한 획(一)을 '大'字 아래로 첨가시켜 그 의미를 분명히 해 주고 있다. 이처럼 기존의 상형자에 땅을 의미하는 한 획을 하단부에 그림으로써 의미를 분명하게 표현한 글자로는 '至'字와 '旦'字, '生'字 등을 들 수 있다. '至'字의 갑골문은 ᘔ(藏65.3)으로, 화살이 땅에 떨어진 모습을 나타낸 것이고, '旦'字의 갑골문은 ᘔ(甲編840)으로 태양이 지평선 위로 떠오르는 모습을 나타낸 것이며, '生'字의 갑골문은 ᘔ(甲200)으로 풀이 땅 위로 솟아오르는 모습을 표현한 것이다.

⑤ 女와 母

'女'字는 앞에서 언급한 것처럼 여자의 앉아 있는 모습을 그린 상형자이다. '母'字의 갑골문은 ᅌ(前1.29.1), ᄬ(藏272.2)이다. '女'字를 기본으로 하면서 가운데 두 점이 있는데, 이는 젖가슴을 표시한 것으로 아이를 길러 낸다는 뜻을 나타내기 위한 것이다.

⑥ 又와 父, 叉, 尹, 寸

'又'字(ᄉ, ᄎ)는 사람 손의 모양을 그려 만든 상형자이다. '父'字(ᄀ, ᄉ)는 '又'字에다 도끼의 형태를 추가한 것으로, 이는 석기시대 남자들이 석부(石斧)를 잡고 일을 하는 것을 나타낸 것이다. 본래는 '斧'의 초문(初文)이었지만 후에 인신(引伸)되어 가장(家長)을 의미하게 되었다. '叉'字의 갑골문은 ᄎ(前2.19.3), ᄒ(前5.7.1)으로, 수갑을 그린 것이며, 구조상으로 볼 때 이는 '又'字에서 발전된 것이다. '尹'字의 갑골문은 ᄎ(甲1712), ᄊ(甲2868)인데 이효정은 이 자형이 손으로 붓을 잡고 있는 형상이라고 말하고 있다. 그러나 강은은 붓을 의미하는 聿字의 갑골문은 ᄉ로서 그 자형이 위의 l와 다르기 때문에 위의 해석은 잘못된 것이며, 이는 針을 의미한다고 주장하고 있다. 그는 이 '尹'字는 사람이 손으로 針을 잡고 있는 형상으로, "의사"라는 의미를 나타내고 있으며, 여기서 인신되어 "다스린다(治理)"라는 의미로 전용되었다고 주장하고 있는데, 이치상으로 볼 때 강씨의 주장이 타당하다고 생각된다. 어쨌든 이 '尹'字는 손을 의미하는 '又'字에 針을 의미하는 도형이 추가되어 이루어진 글자이다. '寸'字는 갑골문이나 금문에서 보이지 않고 전문에서는 ᄉ로 쓰고 있는데, 『설문해자』에서 설명한 대로 손목의 맥박이 뛰는 부분을 의미하는 글자이다. 즉, 손을 의미하는 '又'字에서 맥박이 뛰는 부위를 표시하는 부호를 추가하여 그 의미를 표현하고 있으며, 후에 인신되어 길이의 단위로 사용되었다.

3) 회의(會意)

허신은 『설문해자·서』에서 "會意者, 比類合誼, 以見指撝, 武信是
也.(회의라는 것은 여러 자형을 결합하여 그 의미들을 합하여 그것이 뜻하는 것이 무엇인
가를 살펴보는 것으로써, '武'字와 '信'字가 여기에 속한다.)"라 하였다. 허신이 말한
"比類合誼"에서 "比類"란 기존의 문자를 합한다는 뜻이고, "合誼"란 그 의
미들을 합한다는 것이다. 또 "以見指撝"란 그것이 가리키는 바를 알도록
하는 것으로써, 이들을 종합하면 회의란 두 개 이상의 文 혹은 字를 결합하
여 그들이 가리키는 의미가 무엇인지를 알 수 있도록 하는 조자방식을 말
한다. 즉 A라는 글자와 B라는 글자를 합하여 AB라는 새로운 글자를 만들
어서 AB라는 새로운 의미를 만들어낸 것이 회의다. 그런데 AB라는 새로
운 글자는 A와 B의 의미를 합한 것이므로, A나 B의 의미와 완전히 무관하
게 별개의 의미를 나타낼 수는 없고, 반드시 어떤 연관성은 지니고 있어야
한다.

회의는 둘 이상의 文, 혹은 字가 합쳐져서 만들어지는 것이다. 이렇게
합하여져 만들어진 새로운 글자의 의미는 반드시 기존의 글자, 즉 A와 B가
결합하여 만들어진 새로운 AB라는 글자의 의미는 A나 B의 의미와 연관성
이 있어야 한다. 그러나 회의는 새로 만들어진 AB라는 글자의 字音이 A나
B의 자음과는 전혀 다른, 즉 새로운 字音을 지녀야 한다. (만일 새로운 字音이
아닌 A나 B의 자음과 같다면 이는 회의가 아니라 형성의 범주에 속하는 것이다.)

예를 들어, '武'字는 '戈'와 '止'가 합하여져 만들어진 글자인데, '戈'는

창을 의미하고 '止'는 사람의 발을 의미하므로, 이들이 합하여진 '武'字는 "사람이 창을 들고 가는", 즉 무기를 들고 싸우러 가는 의미를 갖게 된다. 여기서 '武'字의 자음은 '戈'나 '止'와는 전혀 다르므로 회의에 속하는 것이다. 그런데 허신이 『설문해자』에서 회의의 예로 든 '信'字는 '人'과 '言'의 결합으로 이루어진 글자로, '人'은 사람을 의미하고 '言'은 말하는 것을 의미하므로, '信'字는 사람의 말에는 믿음이 있어야 한다는, 즉 '믿음'이라는 의미를 나타내지만, '信'字의 자음은 '人'의 자음과 첩운(疊韻)의 관계에 있으므로, 이는 회의라고 할 수 없고, 형성자의 범주에 들어가야 한다.

회의는 기존의 문자들을 결합하여 만든 것이므로 (1)증형(增形)과 (2)중첩(重疊)으로로 나누어 볼 수 있다.

(1) 증형(增形)

하나의 글자에 다른 자형을 더해 만든 글자들은, 다시 그 위에 또 다른 증형을 함으로써, 새로운 글자를 만들 수 있다. 표의문자는 수차례의 增形을 통해 수많은 글자를 만들 수 있다. 증형의 방법은 이미 있는 문자를 합하는 방법인데, 증형에 의한 합체 양상은 매우 다양하여 상하로 결합되는 것이 있는가 하면, 좌우나 내외, 혹은 혼합된 형태로 결합되기도 한다. 이렇게 다양한 결합위치를 갖는 것은 글자의 의미를 정확하게 나타내기 위한 것으로, 만약 증형의 위치를 바꾼다면 그 표현되는 의미는 변질되거나 아주 다른 의미가 되어 버린다. 예를 들어 '陟'字의 갑골문은 🖼(前5.50.6)인데, 만약 增形하는 부분의 위치를 바꾼다면 '降'字의 갑골문 🖼(前7.38.1)이 되어버린다.

伐 : '人'과 '戈'의 결합으로(𢓓=亻+𠄌), 사람이 창을 가지고 있다는 의

미를 나타내며, 인신되어 "征伐하다"의 뜻으로 쓰이고 있다.

休 : '人'과 '木'의 결합으로(𣏟=亻+朩), 사람이 나무에 의지하여 쉰다는 뜻을 나타내는 會 의자이다.

孫 : '子'와 '系'의 결합으로, 甲骨文 𤕏과 金文 𦄼은 모두 '子'와 '糸(실)'로 이루어져 있다. 서중서(徐中舒)는 옛날 선조의 제단 위에 후손들의 계통을 표시한 새끼줄을 매달아 놓는 풍습을 표현한 것이라고 했다.『설문해자』에서는 "孫은 아들의 아들을 말한다. 子와 系는 모두 의미부분으로, 系는 이어진다는 뜻이다."라고 했다. 즉 '子'와 '系'의 결합으로써, "자손"이라는 의미를 나타낸 회의字이다.

이상과 같이 두 글자의 결합으로 이루어진 회의字가 가장 많으며, 세 자 혹은 그 이상의 글자가 합하여져 이루어진 회의자도 있다. 예를 들어 '肉' '又', '示'의 결합으로 이루어진 '祭'字는 세 자의 결합으로 이루어진 회의자이고, '廾', '日', '出', '米'로 이루어진 '暴'字는 네 자의 결합으로 이루어진 회의자이며, '臼', '缶', '冖', '鬯', '彡'으로 이루어진 '鬱'字는 다섯 자의 결합으로 이루어진 회의자이다.

① 見 (目+人) (見)

'見'字의 갑골문은 𦫿(甲2124), 𦣻(乙3710)이고 금문은 𦣻(金文編1170史見卣), 𦣻(金文編1170沈子簋)이다. 이 字形은 윗부분은 사람의 눈을 그린 것이고 아랫부분은 사람을 그린 것이다. 즉 사람이 본다는 의미를 표현하기 위해 '人'字 위에 사물을 보는 기능을 가진 '目'字를 추가함으로써 그 의미를 분명히 나타내고 있다.

　　　　　　　　　　　　　　　　　　　　한자의 이해

② 頁 (首+人) (𩠐)

'頁'字의 갑골문은 𩠐(乙8780), 𩠐(乙8815)이고, 금문은 𩠐(金文編1183遺簋)이다. 이 字形 역시 윗부분은 사람의 머리를 그린 것이고, 아랫부분은 사람을 그린 것이다. 즉, 이것은 사람이 본다는 의미를 표현하기 위해 '人'字 위에 사물을 보는 기능을 가진 '首'字를 추가함으로써, 이 글자의 의미를 분명하게 나타내고 있다.

③ 光 (火+人) (𤆥)

'光'字의 갑골문은 𤎭(粹427), 𤎭(甲391)이고, 금문은 𤆥(金文編1328失方彝), 𤆥(金文編1328啓尊)이다. 이 자형은 윗부분은 불을 그리고, 아랫부분은 사람을 그려, 사람의 머리 위에 불이 붙어 있는 것을 표현함으로써 위험하다는 의미를 나타낸 것이다. 즉, 이 자형의 상단부는 '火'字이고 하단부는 '人'字이며, 본의는 "흉하다(兇)"였으나, 후에 인신되어 "환하다"라는 의미로 사용되면서 '光'字는 그대로 남고 '凶'字가 다시 만들어졌다.

④ 伐 (人+戈)

'伐'字의 갑골문은 �(前7.15.4), 𢳊(後1.21.6)이고, 금문은 𢳊(金文編1096大保簋), 𢳊(金文編1096明公簋)이다. 이 자형의 왼쪽 부분은 사람을 그린 것이고, 오른쪽 부분은 창을 그린 것이다. 즉, 이것은 창으로 사람의 목을 베는 형상을 표현한 것이다.

⑤ 析 (木+斤)

'析'字의 갑골문은 𣏟(河828), 𣏟(金472)이고, 금문은 𣏟, 𣏟, 𣏟(金文編0072格伯簋)이다. 이 자형의 왼쪽 부분은 나무를 그린 것이고, 오른쪽 부분은 도끼를 그린 것이다. 즉, 이것은 도끼로 나무를 찍는 형상을 표현한 것이다.

⑥ 采 (手+木)

'采'字의 갑골문은 ⚹(乙16), ⚹(乙210)이고, 금문은 ⚹(金文編0700 遺尊)이다. 이 자형의 윗부분은 손을 그린 것이고, 아랫부분은 나무를 그린 것이다. 즉, 이것은 손으로 나무에 열린 과실 등을 채취하는 것을 표현한 것이다.

(2) 중첩(重疊)

증형과 유사하면서 약간 차이가 있는 방법으로 중첩이 있다. 이것은 동일한 독체자를 두 개 이상 중첩시켜 새로운 글자를 만드는 것인데, 이러한 방식은 동일한 문자를 중첩해야 한다는 제약 때문에 별로 많이 이용되지 않았다. 한편, 이 방법은 단순히 하나의 글자를 두 개 합쳐서 의미를 알 수 있게 한 것도 있고, 표현하고자 하는 바에 따라 그 중첩의 방향이나 수효를 다르게 한 것들도 있는데, 증형과 마찬가지로 중첩되는 위치를 바꾼다면 그 의미가 아주 달라진다. 예를 들면, '友'字의 갑골문은 ⚹(乙 6404) 인데, 방향을 바꾸면 '收'字(共字의 初文 ⚹)가 된다.

① 林 (㙈), 森 (㙊)

'林'字의 갑골문은 ⚹(河621)이고, 금문은 ⚹(金文編0784穆公鼎)이다. 이 자형은 '木'字를 두 개 겹치게 함으로써 나무가 많은 숲을 의미하는 글자이다. 뒤에 다시 '木'字를 하나 더 추가하여 '森'字를 만들었는데, 이것은 '林'字보다 나무가 더 많음을 강조한 글자이다.

한자의 이해

② 比 (⑪⑪), 從(從) (⑪⑪), 北, 彳 從 (衆)

'比'字의 갑골문은 ⑪⑪(乙4936), ⑪⑪(鐵157.3)이고, 금문은 ⑪⑪(金文編1113)이다. 즉 이것은 '人'字 두 개를 나란히 열거함으로써 "나란히 하다"라는 의미를 갖게 한 글자이다. 갑골문에는 ⑪⑪(京津 1822), ⑪⑪(京津 1266)과 같은 자형도 있는데 이것은 '從'字('從'字의 初文)로, 이 역시 '人'字를 두 개 나란히 함으로써 사람들이 "따르다"라는 의미를 갖게 한 글자이다. 그런데 이 '从'字는 자형상 '比'字와 구분이 불가능하여, 문장에서 판별할 수밖에 없다. 그래서 후대 금문에 와서 "간다"라는 의미를 나타내는 '彳'과 '止'를 추가하여 '從'字를 만들고 있으며, 이는 다시 引伸되어 "기점"의 의미로 사용되고 있다. 또한, '北'字는 갑골문은 두 개의 '人'字를 서로 등지게 배열함으로써(⑪⑪) "서로 등지다"라는 의미를 갖게 한 글자이다. 이것 역시 후에 東西南北의 '北'字로 가차됨에 따라 다시 '肉'字를 추가하여 '背'字를 만들게 되었다. '彳从'字의 갑골문은 ⑪⑪(甲2858)으로, 이는 '人'字 세 개를 열거하여 만든 글자이다. 이 글자는 사람들이 많이 모여 일하는 것을 의미하는데, 사람들은 주로 낮에 모여 일하므로 다시 '日'字를 추가하여 그 의미를 강조하고 있으며, 갑골문의 ⑪⑪(甲354), ⑪⑪(鐵72.3)이 그 예이다.

③ 步 (步)

'步'字의 갑골문은 ⑪⑪(鐵7.2.2), ⑪⑪(甲388)이고, 금문은 ⑪⑪(金文編0165爵文)이다. 이것은 좌우의 두 발로 걸어가는 것을 표현한 것이다. 즉 두 개의 '止'字를 위아래에 놓음으로써 앞으로 걸어간다는 것을 의미하고 있다.

④ 轟 (轟)

'轟'字의 篆文은 轟로, 이는 수레를 의미하는 '車'字를 세 개 중첩시켜 만든 글자이다. 수레가 지나갈 때는 소음이 나므로, 이 '車'字를 여러 개 중첩시켜 "요란하다"라는 의미를 나타낸 글자이다. 이와 유사한 방식의 글자로, 세 개의 돌(石)로 이루어진 회의자 "磊"는 돌무더기라는 의미를 나타낸다.

4) 형성(形聲)

사회문명이 발전함에 따라 인간의 사유체계는 보다 복잡하고 다양해졌고, 이에 따라 그만큼의 새로운 어휘가 늘어가게 되었으나, 한자의 조자에는 한계가 있었기 때문에, 이렇게 늘어나는 새로운 어휘에 해당하는 새로운 글자를 만들어내는 것은 점차 어려운 일이 되었다. 이에 따라 기존의 상형, 지사, 회의의 방법보다 보다 발전된 조자법인 형성의 방법이 널리 사용되게 되었다. 실질적으로 형성자는 육서 중에서 상형이나 지사보다 나중에 생긴 조자법이기는 하지만 고문자 학자들의 분석에 따르면 은대 갑골문 가운데 형성자는 약 20% 정도였으나 『설문해자』에 이르러서는 형성자가 80~90%를 차지했다고 한다.

형성자는 두 개의 글자가 합쳐져 하나는 뜻을, 하나는 음을 나타낸다. 표의부분을 형부(의부)라 하고 표음부분을 성부(음부)라 한다. 허신은 『설문해자·서』에서 "形聲者, 以事爲名, 取譬相成. 江河是也.(형성이라는 것은 事로써 名을 삼고 譬를 취해 이를 名과 합하여 만드는 것으로서, 江, 河가 이것이다.)"라 하였다.

단옥재는 注에서 "事는 指事의 事를 겸한 것으로 상형에서의 物도 역시 事에 속한다. 名은 '옛날에는 名이라 하였고 지금은 字라 한다.'라는 문장에서의 名과 같은 것으로서 字를 지칭하는 것이다. 譬는 諭이며, 諭는

造를 의미한다. "以事爲名"이란 형성자의 반은 義라는 것을 말한 것이고, "取譬相成"이란 형성자의 나머지 반은 聲임을 말한 것이다. '江'字와 '河'字는 '水'를 名으로 삼고, 자음이 '工'과 '可'와 같으므로 '工'과 '可'를 취하여 '江'字와 '河'字를 만든 것이다."라 했다. 단옥재의 설명에 의하면 事란 事物을 의미하는 것이고 名이란 名類로서, "以事爲名"이란 事物名類를 취하여 이를 형체화시킨 것을 말한다. 譬란 事物의 성음(聲音)에 맞는 자형을 취한 것이 되며, "相成"이란 형부와 성부의 결합에 의해 만들어진 글자를 지칭하는 것이다. '江'字는 형부인 '水'와 성부인 '工'의 결합으로 이루어진 형성자이고, "河"字는 형부인 '水'와 성부인 '可'로 이루어진 형성자이다.

(1) 의부와 성부

형성자는 형부와 성부의 결합에 의해 만들어진 것이기는 하지만, 형부는 의미를 나타내고 성부는 字音만을 나타낸다는 종래의 관점들은 잘못된 것이다. 비록 허신이 예로 든 '江', '河'는 종래의 관점과 일치하여 형부만이 의미를 나타내고, 성부는 단지 字音을 표시해주고 있지만, 이러한 것은 전체 형성자의 극히 일부분에 국한된 것일 뿐, 대다수의 형성자의 성부는 의미도 겸하고 있으며, 그것은 상형이나 지사가 형성자로 발전되는 원인을 고찰하면 그 이유가 쉽게 드러난다.

예를 들어 '衣'字는 본래 옷의 형상을 그려 만든 상형자 ⾐로서 본의는 "옷"이다. 그러나 후에 새로운 의미의 출현과 확산에 따라 '衣'字는 인신되어 "옷을 입다"라는 의미로도 사용되었으며 그 때부터 '衣'字에 "옷"과 "옷을 입다"의 두 의미가 내포되어 사용되었다. 이러한 현상은 한정된 자형으로 다양한 의미를 표현할 수 있다는 긍정적인 면도 없지 않으나 반대로 자의의 판별을 어렵게 하는 부작용이 뒤따르게 되었다. 이에 인신의인 "옷을 입다"라는 의미만을 갖는 새로운 글자인 "依" 㑩字가 만들어지게 되었다. 즉 옷은 사람이 입는 것이므로 기존의 상형자인 '衣'字에 '人'字를 추가하여 만든 것인데, 여기서 '衣'字는 성부가 되고 '人'字는 의부가 된다. 그러나 성부인 '衣'字는 字音을 나타내주는 역할도 하지만 동시에 의미도 나타내고 있다. 만일 기존의 주장대로 성부가 의미를 나타내지 않고 단지 字音만을 나타내 주는 것이라면 '依'字는 형성자가 될 수 없으므로, 의미를 결합해 만든 회의자로 귀속시켜야 하지만, 회의자라면 또 자음을 나타내주는 성부가 없어야하므로, '依'字는 형성도 아니고 회의도 아닌 것이 된다. 형성자의 성부는 表音의 역할만을 한다는 종래의 주장은 잘못된 것으로, '依'字는 분명히 성부가 있고, 또 성부가 의미도 겸하고 있는데, 이처럼 대부분의 형성자는 성부가 의미도 겸하는 구조로 이루어졌다. 따라서 前代의 학자들은 이러한 형성자를 "회의겸형성"이라는 역성자(亦聲字)로 분류하였다.

(2) 분류

형성자 역시 회의자와 마찬가지로 합체로 이루어진 것이므로, 그것을 구성하는 글자의 수량이나 결합된 위치에 따라 여러 가지로 분류될 수 있다. 다만 회의와는 달리 성부를 포함하고 있으므로, 회의보다는 다소 복잡한 양상을 지니는데, 결합된 글자의 수량에 따라 분류하면 다음과 같다.

① 一形一聲 : 하나의 형부와 하나의 성부가 결합된 형성자로, 한자 가

운데 이러한 유형에 속하는 글자가 가장 많다.

錮 : 형부 金, 성부 固

枸 : 형부 木, 성부 句

脂 : 형부 肉, 성부 旨

② 二形一聲 : 두 개의 형부와 하나의 성부로 결합된 형성자.

碧 : 형부 玉, 石, 성부 白

嗣 : 형부 冊, 口, 성부 司

簠 : 형부 竹, 皿, 성부 甫

③ 三形一聲 : 세 개의 형부와 하나의 성부로 결합된 형성자

寶 : 형부 宀, 玉, 貝, 성부 缶

④ 四形一聲 : 네 개의 형부와 하나의 성부로 결합된 형성자

潯 : 형부 彐, 工, 口, 寸, 성부 氵

또한 기존의 글자를 결합하는 과정에서 자형의 일부를 생략하여 결합하는 경우도 있다.

弑 : 형부인 '殺'의 일부(殳)를 생략하고 성부 '式'과 결합.

珊 : 형부인 '玉'과 성부인 '冊'의 일부(刂)를 생략하여 결합.

堂 : 형부인 '玉'과 성부인 '熒'의 일부(火)를 생략하여 결합.

형성자는 또 그 결합된 위치에 따라 左右, 上下, 內外, 上下左右의 穿貫, 성부와 형부의 혼합 등으로 분류할 수 있는데, 성부와 형부의 배합으로 인해 회의보다는 훨씬 복잡한 양상을 나타낸다.

① 左形右聲　値 : 형부 人, 성부 直

② 右形左聲　鄭 : 형부 阜(阝), 성부 奠

③ 上形下聲　景 : 형부 日, 성부 京

④ 下形上聲　背 : 형부 肉, 성부 北

⑤ 內形外聲　悶 : 형부 門, 성부 心

⑥ 外形內聲　閶 : 형부 門, 성부 呂

⑦ 左右形中聲　㮰 : 형부 林, 성부 矛

⑧ 中形左右聲　瓣 : 형부 瓜, 성부 辛辛

⑨ 上下形中聲　裏 : 형부 衣, 성부 里

⑩ 形中上下聲　哀 : 형부 口, 성부 衣

⑪ 형부와 성부의 혼합　雜 : 형부 衣, 성부 集

　형성자 역시 기존의 자형을 결합하여 만든 것이므로, 상형이나 지사와는 달리 결합된 개별 글자들을 분해하면 각각의 글자로써 성립되어야 하지만, 일부 형성자의 경우에는 예외가 있다. 牽 : 형부 牛, 성부 玄 + 고삐를 나타내는 부호인 冖을 가운데 추가.

　여기서 고삐를 나타내는 冖은 독립적으로는 글자로 성립되지 않는다. 그러나 나머지 글자들, 牛, 玄이 이미 형성의 요건인 형부와 성부로써 결합되어 있으므로 이를 형성자의 범주에 귀속시키는 것이다.

　형성은 형부와 성부로 구성된 것으로, 성부인 글자와 형성자의 字音 관계는 성부인 글자가 성모(聲母)이고 형성자가 성자(聲子)가 된다. 그리고 이 형성자가 또 다른 형성자의 성부가 될 경우는, 다시 그것이 성모가 되고, 결합된 형성자는 성자가 된다. 예를 들어 형부가 '口'이고 성부가 '刀'인 '召'字의 경우, 성모는 '刀'이고 성자는 '召'이다. 그런데 성부가 '召'이고 형부가 '日'인 '昭'字에서는, 성모는 '召'이고 성자는 '昭'가 되는 것이다. 또 성부가 '昭'이고 형부가 '灬(火)'인 '照'字에서는 성모가 '昭'이고 성자가 '照'가 된다.

5) 전주(轉注)

허신은 『설문해자·서』에서 "轉注者, 建類一首, 同意相受, 考老是也.(전주라는 것은 類를 세워 하나를 부수로 삼은 것으로 의미가 같은 것을 서로 받는 것으로서, '考'字와 '老'字가 여기에 속한다.)"라 하였다.

단옥재는 注에서 "建類一首란 동일한 의미의 부류를 하나의 묶음으로 分立하고, 동일한 首를 세우는 것으로서, 『이아·석고』의 첫 번째 條(條)에 속하는 글자들을 모두 '始'라고 말하는 것이 이것의 例(例)이다. 同意相受란 여러 글자들의 의미가 대략 서로 같아서 의미를 서로 주고받아 서로 훈석(訓釋)되는 것을 말한다. 이러한 글자들을 하나의 首에 귀속시켰는데, 예를 들어 初, 哉, 首, 基, 祖, 元, 胎 등의 의미는 서로 가깝기도 하고 멀기도 하지만 모두 서로를 훈석할 수 있으므로, 이러한 글자 모두를 '始'라고 말하는 것이 여기에 속하는 것이다."라고 하여, 전주를 동일한 의미를 갖는 글자들이 서로 훈석해 주는 것, 즉 호훈(互訓)을 전주라고 설명하였다.

(1) 전주에 대한 여러 견해

전주는 상형이나 지사처럼 간단하지 않음에도 불구하고 허신의 설명이 매우 함축적이고 간단하다. 또 예로 든 '考' '老' 두 字의 관계가 同部에 속하고 음과 의미가 비슷할 뿐만 아니라, '考'字에서는 "從老省, 丂聲.(형부는 老의 생략된 것이며 성부는 丂이다.)"라 하여 형성자로 분석하였고, '老'에서는

"從人毛匕, 言須髮變白也." (人, 毛, 匕로 이루어졌으며, 수염과 머리카락이 하얗게 변했음을 말하는 것이다.)"라 하여 회의로 분석하였다. 또한 두 字 모두, "考, 老也." "老, 考也"라고 互訓하고 있기 때문에, 전주에 대한 정확한 개념을 정립하는 것을 더욱 어렵게 하였다. 종래의 학자들은 허신의 "建類一首, 同意相受"라는 문구에 대한 해석과, 허신이 예로 든 '考' '老' 두 字의 관계를 나름대로 분석하였고, 이에 따라 전주에 대한 많은 이견과 주장들이 생성되었다. 이러한 주장들 가운데 대표적인 주장을 일곱 개의 유형별로 살펴보면 다음과 같다.

① 의미류(意味類) : 전주란 考와 老처럼 서로 注를 해주는 것이라고 주장을 하였으나, 왜 서로 주석하는지, 그 근거는 무엇인지에 대한 설명이 전혀 없는 유형으로써, 위항(衛恒), 가공언(賈公彦) 등이 주장하였다.

② 주형전류(主形轉類) : 자형을 변형시켜 새로운 글자를 만드는 방식이 전주라는 주장으로, 예를 들어 '老'字는 아랫부분의 匕가 시계가 반대 방향인데, 이를 시계 방향으로 돌리는 형상을 취하여 '考'字를 만들었으며, 이러한 방법이 전주라는 주장이다. 자형의 변형은 위와 같은 회전 방향의 전환만이 아니라 상하의 전도나 좌우 방향의 변화까지도 포함되는 것이어서 人을 변형시켜 匕가 되는 것도 전주라는 주장이다. 즉 기존의 자형을 변형시켜 본자의 의미를 주해주는 것이 전주라는 주장인데, 이러한 학설들을 주장하는 학자로는 배무제(裵務齊), 진팽년(陳彭年), 대동(戴侗), 주백기(周伯岐), 양환(楊桓), 증국번(曾國藩) 등이 있다.

③ 주성전류(主聲轉類) : 하나의 글자는 다양한 의미를 지닐 수가 있지

만, 그것은 본의와 인신의, 가차의의 범주를 벗어나지는 않는다. 그런데 그 글자가 인신의나 가차의의 의미를 나타낼 때의 자음이 본의를 나타낼 때의 자음과 다를 경우, 이를 파음자(破音字)라고 한다. 즉 한 글자가 자음에 따라 그 의미를 달리하는 글자를 지칭하는 것이다. 예를 들어 '樂'字는 본래 악기의 형상을 그려 만든 글자로서 본의는 악기이며, 이때 字音은 '악'이다. 그런데 인신되어 "좋아하다"의 의미로 사용되면 자음이 "요"로 바뀌며, "즐기다"의 의미로 사용되면 "락"으로 발음되는데, 이러한 것이 바로 "파음자"이다. 성전설(聲轉說)을 주장하는 사람들은 이 파음자가 전주자라고 말하고 있다. 이러한 학설을 주장하는 학자로는 장유(張有), 모황(毛晃), 양신(楊愼), 고염무(顧炎武) 등이 있다.

④ 주의전류(主意轉類) : 의전설(意轉說)은 서개(徐鍇)에 의해 제기된 것으로서, 그는 형성자 가운데 음과 의미가 같은 글자는 서로 호훈할 수 있는데, 이것이 바로 전주라고 주장하였다. 또 "建類一首"란 부수자를 지칭하는 것으로, 동일한 부수에 속한 글자들은 모두 부수자와 의미가 통하므로, 부수자의 의미를 취한 것이 되는데, 이것을 전주라 하며, 아울러 이러한 글자들끼리 서로 호훈되는 경우가 많으므로 전주자는 호훈될 수 있는 것이라고 주장하였다. 요약하면 전주란 동일 부수에 속하는 형성자 가운데 음과 의미가 같아서 호훈되는 것을 말한다.

이 주장은 후에 다시 형성파(形聲派)와 부수파(部首派), 호훈파(互訓派)로 분리되었는데, 내용은 대략 다음과 같다.

첫째, 형성파는 형성자 가운데 음과 의미가 같은 글자로 注하는 것이 전주이고, 만일 음과 의미가 다르다면 이는 단순한 형성이지 전주가 아니라는 주장이다. 정초(鄭樵), 조인호(曺仁虎) 등이 주장하였다.

둘째, 부수파란 같은 부수에 속한 글자들은 모두 부수자의 의미를 취했으므로 그 부에 속한 글자들은 모두 부수자로서 훈석할 수 있는 것이므로, 이것이 전주라는 주장인데, 강성(江聲), 오영방(吳穎芳), 공광거(孔廣居), 진례(陳澧) 등이 주장하였다.

셋째, 호훈파는 비록 그 글자들이 형성이 아닌 회의나 상형이라도, 서로 의미가 비슷하면 호훈할 수 있으므로, 이들은 전주자가 된다는 주장으로, 대진(戴震), 단옥재(段玉裁), 왕균(王筠) 등이 주장하였다.

⑤ 주인신류(主引伸類) : 인신의로서 다른 의미를 갖도록 하는 것이 바로 전주라는 주장인데, 주준성(朱駿聲)이 주장하였다.

⑥ 주의동음근류(主意同音近類) : 의미는 같고 음이 비슷한 글자로서 훈석하는 것이 전주라는 주장인데, 여기서 음이 비슷하다는 것은 어기(語基)가 같은, 즉 음이 완전히 같거나 쌍성(雙聲), 첩운(疊韻)의 관계라는 의미이다. 유사배(劉師培), 장병린(章炳麟) 등이 주장하였다.

⑦ 주의동음근형통류(主意同音近形通類) : 의미가 같고 음이 비슷하며 형이 통하는 글자로서 훈석하는 것이 전주라는 주장으로서, 위의 의동음근설(意同音近說)에서 진일보하여 형(形)까지 언급한 것이다. 이에 따르면 허신의 "建類一首, 同意相受"에서 '建類'란 의미상 서로 통하는 자형을 지칭하고, '一首'란 비슷한 음, 즉 동일한 어기를 말하며, '同意'란 동일한 의미를 가리키는 것으로서, 본자를 注할 때 위와 같은 관계의 글자를 만들어 注하는 것이 바로 전주라는 것이다. 주종래(朱宗萊), 장백잠(蔣伯潛), 노실선(魯實先) 등이 주장하였다.

이상의 주장들 가운데 가장 사실에 접근한 것은 마지막의 주의동음근형통설이다. 즉 본자와 형음의가 모두 관련된 새로운 글자를 만들어 본자

한자의 이해

를 주석하는 것이 바로 전주인 것이다. 그러나 여기서 주의할 점은 이러한 주장 역시 전주를 하나의 조자법으로 보고 있다는 점이다.

(2) 전주에 대한 정의

결론적으로 전주는 조자법이 아니라 두 글자 사이의 관계이다. 예를 들어 본자가 '豆'인 경우, 본래 '豆는' 제기(祭器)의 형상을 그려 만든 상형자 豆로서, 본의는 "제기"이다. 그러나 가차되어 "콩"의 의미로 사용되면서, '豆의' 의미는 "제기"와 "콩"의 두 가지가 되었다. 이후 본의는 소멸되고 가차의인 "콩"만이 통용되자, 본의를 보존시키기 위한 방법으로서 '木'을 추가하여 전주자인 '梪'를 만들었는바, 本字인 '豆'와 전주자인 '梪'는 서로 의미가 같고(祭器), 음도 같으며(梪의 성부는 豆임), 形도 통하는('豆'가 공통의 자형으로 사용됨) 관계이다. 여기서 전주자인 '梪'는 본자인 '豆'를 注할 수 있지만, 본자인 '豆'는 전주자인 '梪'를 注할 수는 없다. 즉 전주는 선전후주(先轉後注)라는 의미로서, '豆'에 '木'이 추가되어 '梪'를 만든 것은 先轉이고, 이로써 '豆'의 본의인 "제기"라는 의미를 갖게 하는 것은 後注이다. 요컨대 '豆'와 '梪'는 전주관계이며, 이 중 '梪'는 '豆'의 전주자이다. 다만 전주자는 본자를 注할 수 있지만 本字는 전주자를 注할 수가 없으며, 전주자는 조자의 방법으로 볼 수 없다. 왜냐하면 전주자는 본자에 대한 관계자이지 그것을 만드는 방식은 분명히 형성의 방법을 취하고 있기 때문이다. 그러므로 전주자를 조자의 측면에서 본다면 이는 형성에 속하며, 본자를 보조하기 위해 만들어진 일종의 후기형성자(後起形聲字)에 불과하다. 그러므로 전주를 포함하고 있는 육서를 모두 조자법으로 본다는 것은 옳지 못한 견해이다.

6) 가차(假借)

(1) 가차의 정의

허신은 『설문해자 · 서』에서 "假借者, 本無其字, 依聲託事, 令長是也.(가차라는 것은 본래 그 의미를 나타낼 수 있는 글자가 없어서 소리에 의거하여 일을 기탁하는 것으로서 '令' '長'이 바로 여기에 속한다.)"라 하였다.

단옥재는 "託者, 寄也, 謂依傍同聲而寄於此. 則凡事物之無字者, 皆得有所寄而有字. 如漢人謂縣令曰令長, 縣萬戶以上爲令, 減萬戶爲長. 令之本義, 發號也, 長之本義, 久遠也. 縣令, 縣長本無字, 而由發號久遠之義引申展轉而爲之, 是爲假借.(託이란 '맡긴다'는 뜻으로서, 동일한 음을 가진 글자에 의지하여 기탁하는 것인데, 사물을 나타내는 글자가 없으면 기존의 글자에 기탁하여 그 의미를 갖도록 하는 것이다. 예를 들어 漢나라 사람들은 "縣令"을 "令長"이라 불렀는데, 萬戶 이상의 縣을 통치하는 사람은 令이고 萬戶 이하를 통치하는 사람은 長이라 불렀다. 令의 본의는 "發號"이고, 長의 본의는 "久遠"이다. "縣令"이나 "縣長"은 본래 그것을 나타내는 글자가 없었는데, "발호(發號)"와 "구원(久遠)"의 의미에서 인신되어 현령(縣令)과 현장(縣長)의 의미를 갖는 글자로 삼았으니, 이러한 것이 바로 가차이다.)"라고 했다.

허신의 "本無其字, 依聲託事"라는 가차에 대한 정의와 단옥재 注의 내용에 의하면 가차란 그 단어의 뜻은 있으나, 그 의미를 나타내주는 글자가 없는 경우에 음이 같은 기존의 글자를 빌어서 사용하는 것을 말하는 것으로, 가차에 대한 정의로서 잘못된 것은 아니지만, 오늘날의 관점에서 보면 이러한 정의는 가차와 인신의 차이점을 명확하게 구별하지 못하는 것이 된다. 즉 가차란 인신과는 달리 단지 본자의 자형만을 빌린 것으로, 의미상으로는 어떠한 관련도 없어야 하지만, 허신이 가차의 예로 든 '令'과 '長'은 모두 가차가 아니라 인신에 속하는 것들이다. 즉 『설문해자』에서는

'명령(命令)'의 '令'字가 '현령(縣令)' 같은 벼슬의 이름, 또는 우두머리의 의미로 쓰인 것이 가차된 것으로 보았으나, 명령을 내리는 사람은 높은 지위에 있는 사람이므로, 여기에서 인신되어 관직명, 또는 우두머리의 뜻을 갖게 되었다고 보는 것이 일반적인 견해이다. 또 '長'字도 "어른"이라는 의미에서 단체의 '장'이나 "우두머리"의 뜻을 갖게 된 것을 가차한 것으로 보았으나 이 역시 나이가 많은 어른은 공경의 대상이므로, 나이 많은 사람은 사회의 지도자로 추앙되었기 때문에 여기에서 인신되어 단체의 장, 우두머리의 뜻을 갖게 되었다고 보는 것이 정설이다.

인신과 가차의 차이점을 간략히 설명하면, '子'字의 경우, 본의는 "아이"지만, 이것이 "공자(孔子)"나 "맹자(孟子)"의 '子'처럼 사람에 대한 경칭으로 사용되면, 이것은 인신된 것이므로 가차에 해당되지 않고, "의자(倚子)"나 "탁자(卓子)"에서처럼 접미사로 사용되면, 이것은 "아이"라는 '子'의 본의와는 전혀 무관하게 단순히 그 音만을 빌어 사용한 것이므로 가차에 해당되는 것이다.

이상과 같이 가차는 단지 그 音을 빌리는 것으로, 그 결과로서 얻어진 의미는 가차의가 된다. 하나의 문자라는 위치에서 본다면, 그 문자에 새로운 가차의가 추가되어 일자다의의 결과를 초래하게 되지만, 그 과정에서 새로운 글자의 창조, 즉 새로운 자형의 창출은 이루어지지 않는다. 그런 면에서 가차를 조자법으로 보는 것은 틀린 것이며, 다만 가차는 후에 새로운 글자를 만들게 하는 원인으로 작용하게 되는 것이다. 이점에 대해서는 다음의 조자방법의 변천요인에서 자세히 다루기로 한다.

(2) 가차의 분류

가차 현상은 『설문해자』에서 언급한 것과 같이 그 글자의 의미를 나타낼 글자가 없는 경우에, 음이 같거나 비슷한 기존의 다른 字의 자형을 빌어서 그 의미를 나타내는 '本無其字'의 가차와, 『설문해자』에서 언급하지 않은 '本有其字'의 가차도 있다. '本有其字'의 가차란 어떠한 의미를 표현할 문자, 즉 본자가 있는데도 이를 쓰지 않고 음이 같거나 비슷한 기존의 다른 字를 대신 쓰는 것을 말하는데, 단옥재는 본래 있었던 字라도 기록할 때 갑자기 본래의 글자가 생각나지 않아 다른 동음의 字로 대체하여 생성된 것이라고 하였다. 즉 이러한 가차는 고대인의 용자(用字) 습관 등에 의해 생성된 것으로 고대 경전에는 매우 흔한 일이었다.

예전에는 '本無其字'의 가차와 '本有其字'의 가차를 구별 없이 모두 가차라 불렀으나 청대 부터 '本無其字'의 假借와 구별하기 위하여 '本有其字'의 가차를 '통용가차(通用假借)'라 부르게 되었고 다시 이를 줄여 보통 '통가(通假)'라 부르고 있다. 따라서 현대적 의미에 있어 가차는 '本無其字'의 가차를 뜻하며 통가는 '本有其字'의 가차를 말한다.

(3) 가차의 예

鳳([illegible], [illegible], [illegible]) : 神鳥也, 從鳥, 凡聲. 朋古文鳳象形. 鳳飛郡鳥從以萬數, 故以爲朋黨字. (신비한 새이다. 鳥는 형부이고 凡은 성부이다. 朋은 고문 鳳의 모양이다. 봉황이 날면 많은 무리의 새가 따르기 때문에 "붕당(朋黨)"으로 가차되었다.)

來([illegible], [illegible], [illegible]) : 周所收瑞麥來麰, 一來二縫, 象芒束之形, 天所來也, 故以爲行來之來. (주(周)나라 때에 서맥(瑞麥)과 내모(來麰)를 거두어들였는데 끝이 두 갈래로 되어있었다. 이삭 끝의 모양을 본뜬 것으로 하늘에서 온 것이므로 "行來"의 '來'로 가

차되었다.)

西(🐦, 🌀, 🍜) : 鳥在巢上, 象形. 日在西方而鳥棲, 故因以爲東西之西. 樓或從木妻. (새가 둥지위에 있는 것으로 상형이다. 해가 서쪽에서 지면 새는 둥지로 들어간다. 따라서 동서 방향의 西로 가차되었다. 樓는 또 木과 妻를 따른다.)

➡ '西'가 무엇을 본뜬 것인지에 대해서는 아직 정론이 없으나, 현재까지는 왕국유(王國維)의 주장에 따라 새의 둥지를 그린 것이라고 보는 것이 유력하다.

3. 육서의 발전-중국문자의 신 분류

지금까지 앞서 전통의 '육서'설에 관해 살펴보았는데, 허신의 『설문해자 · 서』에서 상세히 해석된 바와 같이 허신은 9,353개 한자의 형의를 분석하여 중국 최초의 문자학 분야의 『설문해자』를 완성하였고, 이는 사람들로 하여금 천차만별한 한자 형체 구조의 규율에 대한 인식을 갖게 하였고, 전통 '육서'설을 정립하였다. '육서' 이론의 공헌은 거대한 것이어서 지금까지도 文字學 연구와 교재를 위하여 채택되었다. 그러나 '육서'이론의 공헌은 건립 당시 小篆에 대한 이해의 바탕 위에서 건립된 이론이어서 甲骨文, 金文 등의 조자 구조를 설명할 수 없다는 점이 단점으로 지적되고 있다.

당란(唐蘭)은 『고문자학도론(古文字學導論)』에서 비교적 객관적으로 '육서'설의 폐단을 지적했는데, 그에 의하면 기존의 육서설은 첫째, 정밀하지 못하여서 모든 문자를 분석할 수 없고 둘째, 육서에 대한 설명이 분명하지 않아서 그것들에 대한 확실한 정의를 알기 어렵다고 하였다. 사실 '육서'의 상형, 지사, 회의, 형성과 전주, 가차는 그 성질이 다르기 때문에, 독립적인 한자에 대해 말할 때, 그 글자의 구조는 역시 앞의 사서(四書)를 벗어날 수 없으며, 전주와 가차는 전혀 다른 측면에서 언급해야 하는데, 그 측면이라는 것은 바로 그것들이 조자의 방법이라는 차원이 아니라, 글자와 글자 사이의 관계라는 것이다. 한말(漢末) 이래로 역대 문자학 학자들은 모두 '육서' 이론을 대단히 중요시 여겨 보충과 수정을 하였고, 일부학자들은 전통의 '육서'설에 대해 새로운 해석을 시도했는데, 그 가운데 대표적인 것이 '四体二用'설이다.

1) 사체이용설(四体二用說)

청대의 저명한 언어학자인 대진(戴震)은 宋代의 서개(徐鍇)와 같은 학자들의 영향을 받아 육서에 대한 새로운 해석을 시도하여 육서의 '사체이용'설을 제시하였는데, 그 후로 설문 4대가 가운데 단옥재(段玉裁), 주준성(朱駿聲), 왕균(王筠) 등도 모두 대진의 설을 받아들였다. 단옥재는 『說文解字注(설문해자주)』에서 "대진 선생이 이르길 : 지사, 상형, 형성, 회의라는 이 네 가지는 글자의 体요, 전주, 가차 이 두 가지는 글자의 用이다."라 하여 그의 주장을 그대로 수용하고 있다. '사체이용'설은 후대 매우 커다란 영향을 주었는데, 이 '사체이용'설에서 앞의 四書는 조자법(造字法)을 가리키며, 뒤에 있는 二書는 용자법(用字法)으로 지칭하는 것이다.

그러나 여기서 '육서' 가운데의 四書는 조자법이라 여긴 것은 합리적이지만 二書를 간단히 용자법이라 여긴 것은 다소 편파적이라 하지 않을 수 없다. 전주와 가차는 단순한 용자법이 아니다. 그것들은 한자의 생성, 분화와 긴밀한 관계가 있다. 가차는 글자를 빌어서 음을 표기한 것으로 비록, 그 글자 자체는 새롭게 탄생된 것은 아니지만, 그것은 새로운 글자 생성을 재촉하였다. 예를 들어 自(ᄇ, ᄇ, 鼻)는 鼻의 본자로서 개사(介詞) 혹은 대명사(代名詞)를 빌어서 단어의 뜻을 구별하기 위하여 또 본의에 주었고 다른 鼻자를 만들었다. 전주 역시 형성자 생성의 중요한 역할을 하였다.

2) 당란(唐蘭)의 삼서설(三書說)

근래 들어 학자들은 출토된 甲骨文과 金文 재료를 이용하여 글자구조를 분석함으로서 『설문해자』의 일부 착오를 발견하게 되었고, 이는 한자 구조이론 연구의 돌파구를 마련하는 계기가 되었다. 당란은 "문자학을 연구하면서 '육서'를 가볍게 볼 수는 없다. 그러나 그것은 원래부터 명확한 한계가 없었으므로 많은 학자들이 나름대로의 학설을 펴고 있고 文字 하나하나를 '육서'로 분류하다 보면 그 한자가 어느 類에 속하는지 단정 짓기가 곤란한 경우도 많다." 라고 하면서 더 이상 진한인이 남겨놓은 '육서'설에 얽매이지 말고 다른 방법을 찾아보아야 한다는 견해를 내세워 한자 구조의 新이론인 삼서설을 창안해 냈다.

그는 '육서'중에서 가차와 전주를 제외하고 상형 전부와 지사의 일부를 상형으로 포괄시키고, 나머지 지사와 회의를 상의로 하고, 다시 형성을 따로 세워 모두 세 부류로 나누었는데, 여기서 상형문자와 상의문자는 上古 시기의 도화문자이고, 형성문자는 近古 시기의 성부문자를 말하는 것이라 하였다. 상형(象形), 상의(象意), 형성(形聲)의 세 부류가 中國文字를 모두 포괄한다고 한 것은 문자의 삼요소인 形·音·義의 세 가지 측면을 대표한다는 생각에서 나온 것이다. 그 '삼서설'에 의하면 상형문자는 물체의 형상을 그려낸 것, 혹은 관용적으로 사용되는 기호, 사람들이 한눈에 알아볼 수 있는 것으로 표현한 것들인, 예를 들면 虎(虎, 虎, 虎)와 같이 호랑이 자체의 형상을 표현한 것이나, □○같이 네모난 것과 동그란 모양으로 표현한 것, 그리고 반드시 獨體字, 이름을 나타내는 글자, 이름 외에 다른 뜻이 없는 글자가 여기에 속한다. 이 외에 大(大, 大, 大)자 같이 본래 사람을 표시하였으나 사람이란 뜻과는 다른 의미로 사용된 것들은 비록 그것이 사물의 형상을 표현한 것이라 하더라도 이것은 상의자(象意字)라 하였다. 상의(象意) 文字는 도화문자의 주요한 부분이기는 하지만, 그러나 그것은 한번 보아서는 쉽게 그 글자의 의미를 확실하게 알 수 없고, 반드시 그것의 의미를 생각해봐야 의미가 드러나는 것들을 말한다. 당란은 문자를 크게 도화문자(圖畫文字)와 형성문자(形聲文字)로 구별하고 圖畫文字를 다시 상형문자(象形文字)와 상의문자(象意文字)로 나누었다.

또한 당란은 "상형자나 상의자 같은 도화문자라는 것은 그려낼 수 있는 것의 범위에 제한이 있어 도화문자에서 완벽한 형성문자로 되어가는 과정 중에 언어의 수요에 적응하기 위하여 분화(分化), 인신(引伸), 가차(假借), 자유(孳乳), 전주(轉注), 사중익(絲重益)의 '육기(六技)'라는 방법이 파생되었다."하였다. 당란이 말하는 "육기"는 한자의 구조적인 측면에서의 조자방법은 아니지만 보충적인 성격을 띠는 방식에 속한다.

당란은 전주와 가차를 기본 조자방법에서 빼버리고 '육기'로 집어넣는 것은 혁신적인 주장이라고 할 수 있다. 그러나 이 역시 문제점이 있다. 그는 상형문자(象形文字)를 상신(象身), 상물(象物), 상공(象工), 상사(象事) 등으로 나누었는데, 이처럼 의미를 가지고 분류한 것은 잘못된 것이고 그 중 상사(象事)는 지사자에 해당하는 것인데 상형자에 집어넣는 오류를 범하였다. 그는 또 "형성자의 특징은 성부가 있는 것이라서 비교적 구별이 쉽다.

그러나 일부 성화(聲化)된 상의자(象意字)도 비록 형성자의 범위에 포함되기는 하지만 본래는 도화문자이었다는 점에서 우리는 여전히 그것을 상의자에 포함시킨다." 라고 했는데 그 구분이 모호하다. 형성문자의 특징은 성부가 있는 것이라고 하고 다시 도화문자이었다고 하면서 상의문자로 분류한다는 것은 앞뒤가 맞지 않는 것이다.

당란은 문자의 삼요소인 形·音·義를 대표하는 상형문자(象形文字), 상의문자(象意文字), 형성문자(形聲文字)의 삼서를 내세웠는데 중국문자가 形·音·義 三者와 밀접한 관계가 있음을 고려하면 그의 주장이 타당하다고 할 수도 있다. 그러나 이것은 지나치게 포괄적이고 조자법의 세밀한 부분을 수용하지 못해 문제점이 지적되고 있다. 즉 상형문자만 생각해 보아도 어떤 사물을 그대로 본뜬 것이라고 하면서 도화상의 차이가 아닌 의미로 재분류하는 것은 올바른 분류라고 할 수 없는 것이다. 상형(象形), 상의(象意), 형성(形聲)을 '삼서설'이라 일컫고 모든 중국 문자를 이 범주에 넣으면서, 형(形)으로 귀결되지 않는 것은 반드시 의(意)로 귀결되고, 의(意)로 귀결되지 않는 것은 반드시 성(聲)으로 귀결시키고 있는 것이다.

그의 이러한 이론은 그것이 획기적이었기 때문만은 아니지만 적지 않은 비판을 받은 것도 사실이다. 예컨대 진몽가(陳夢家)는 『은허복사종술(殷墟卜辭綜述)』에서 당란의 '삼서설'에 대해 간략히 비판하고 있으며, 나아가 구석규(裘錫圭)는 당란의 '삼서설'에 대해 4가지 문제가 있다고 지적하고 있다. 그에 의하면 '삼서설'은 첫째, 삼서를 문자의 형(形), 의(意), 성(聲) 세 방면에서 서로 비교할 수 없는 것을 억지로 비교하였으며, 둘째는 비도화문자(기호문자) 유형의 표의자(表意字)가 위치할 곳이 없고, 셋째로 상형(象形), 상의(象意)의 구분이 명확치 않으며, 넷째는 한자의 기본 유형 밖으로 가차자를 제외시킨 것이라 하여 당란의 '삼서설'은 비록 문자학의 발전을 촉진하였지만 그러나 가치는 별로 없다고 말하기도 하였다. 그렇지만 당란은 이러한 주장은 기존의 전통적인 학설에 얽매이지 않고, 갑골문과 같은 보다 근원적인 기초가 될 수 있는 나름대로의 자료적 근거를 가지고 조자 이론을 개척한 것은, 비록 그 이론에 약간의 무리가 있었다고 할지라도 그것이 한자의 조자론 연구에 있어서 매우 중요한 전환점을 마련해준 것만은 부인할 수 없는 사실이다.

3) 진몽가의 새로운 '삼서설'

진몽가는 당란의 삼서설이 갑골문자 구조에 맞지 않는다고 이의를 제기하고 새로운 삼서설을 주창하였다. 그는 당란의 상형(象形)과 상의(象意)를 합쳐서 상형(象形)으로 분류하였는데, 이는 기존 육서의 상형, 지사와 회의를 포함하는 것으로 사물이든 일이든 뜻이든 의부(意符)를 형상화하여 표현하는 것이면 모두 상형으로 보고, 여기에 형성과 가차가 더해져 새로운 삼서를 만들었다.

가차는 도저히 그려낼 수 없는 인칭대명사·부정사·방향 등을 나타내는 말을 표현하기 위해 이미 존재하는 상형자나 형성자가 완전한 音符가 되어 그 말을 기록하게 되는 것이다. 이 가차는 당란의 삼서에서 제외되었으나(당란은 가차·전주를 "六技"에 넣었다) 진몽가는 상형(진몽가의 象形)으로 나타낼 수 없는 낱말은 기존의 상형을 음부로 삼아 표현하는 수밖에 없으므로 가차자는 한자의 기본유형의 하나로 보아야한다고 주장하였다. 가차자는 음만을 표시하므로 자형으로 자의를 나타내기 힘들어서 뜻을 명확하게 하고 또 낱말의 혼동을 방지하기 위해 가차자에 말이 나타내는 사물과 같은 종류의 형부를 더하게 된다. "날개"라는 상형자 羽(ⵣ, ⵝ, ⵋ)를 "다음날"이란 말의 가차자로 쓰다가 뒤에 형부 日을 더하여 日羽라는 형성자가 탄생하게 된 것이다. 봉황鳳(ⵣ, ⵝ, ⵋ)의 인신의인 형성자 風은 봉황새 모양인 상형 ⵣ에 성부 ⵝ을 더한 것 ⵋ이다. 상형과 가차는 발전해나가는 과정에서 각기 성부와 형부가 더해져서 형성자가 이루어지게 된다. 그렇게 되면 상형은 形을, 가차는 音을, 형성은 形과 音을 반반씩 나타내게 된다. 이것이 진몽가의 주장이다.

4) 구석규(裘錫圭)의 신 '삼서설'

구석규는 진몽가의 설을 이어받아 약간의 수정을 가했는데, 조자법에 가차를 포함시킨 것은 일치되고 있다. 당란이 제외시켰던 가차를 이들이 조자방법에 포함시킨 것은 상형으로 나타낼 수 없는 낱말을 기존의 상형을 의부(音符)로 삼아 표현할 수밖에 없으므로 가차는 조자방법의 하나로 보아야 한다고 생각했기 때문이다.

구석규는 대부분의 문자학자들이 고수하고 있는 '육서'설에서 '육'이라는 숫자까지 근본적으로 의심하여 '육서'설의 단점을 지적하고 여러 가지 학설이 있는 전주를 혼란만 가중시키는 원인이 된다고 하면서 아예 논외의 문제로 취급하였다. 즉 전주를 제외하면 한자의 구조에 대해서 명확하게 설명할 수 있으니 전주에 대해 논의할 필요가 없다고 생각한 것이다. 또 상형이라는 명칭을 표의(表意)로 바꾸고 가차의 범위를 성가자(聲假字)에서 통가자(通假字)로 확대시켰다. 통가자는 본래 글자가 있는 낱말을 音이 같거나 음이 비슷한 글자로 나타낸 글자를 일컫는다. 또, 표의자는 의부자

(意符字), 가차자는 음부자(音符字), 형성자는 의부음부자(意符音符字)라고 칭했다. 즉, 상형은 형을, 가차는 음을, 형성은 형과 음을 함께 나타낸다는 의미에서 이러한 명칭을 사용한 것이다. 그리고 표의자를 다시 추상자(抽象字)(一, 二, 三, 四, 上, 下, □, ○ 등), 상물자(象物字)(日, 月, 馬, 魚, 犬 등), 지시자(指示字)(末, 刃 등), 상물자식상사자(象物字式象事字)(又, 广, 矢 등), 회의자, 변체자(變體字)로 나누었고 회의자를 도형식 회의자 : 숙(宿), 편방(偏旁) 사이의 위치 관계를 이용한 회의자 : 正, 주체와 기관(器官)의 회의자 : 見, 편방(偏旁)의 중복으로 이루어진 회의자 : 林, 편방(偏旁)의 연속으로 늘어놓아 만든 회의자 : 劣, 기타 앞의 회의자 속에 포함되지 않은 글자와 변체자(變體字)로 다시 나누었는데 추상자(抽象字)와 지시자(指示字)는 기존의 지사자이고 상물자(象物字)와 상물자식상사자(象物字式象事字)는 기존의 상형자이다. 그리고 형성자는 표의자상에서 음부를 더하거나 표의자 자형의 일부가 음부로 변화되거나 이미 존재하고 있는 문자상의 의부를 가한 것으로 다성(多聲)과 다형(多形)이 있다. 가차자는 무본자가차(無本字假借)와 본자후가차(本字後假借), 유본자가차(有本字假借)의 세 종류로 나누고 있다. 이처럼 구석규는 다시 재삼 재사 분류함으로써 혼란을 가중시키는 결과를 초래했다.

그리고 삼서에 들어가지 않는 것들은 수가 많지 않다고 하면서 5가지로 정리하여 설명을 덧붙였다.

① 기호자로 五, 六, 七, 八 등이 여기에 속한다.

② 반기호자로서, 예를 들면 叢의 간체자인 丛에서 从이 성부고 一이 기호인데 이것이 여기에 속한다. 또 송원(宋元)시대에 義를 乂라고 썼고 簡體字는 乂라고 썼는데 여기서 丶이 기호이다.

③ 변체표음자(變體表音字)인데, 자형을 약간 바꾸어서 만든 字로 독음은 비슷하다. 예컨대 丘과 乓이 그 예에 속한다.

④ 합음자(合音字)로 甯(不+用)과 氫(气+또)이 있다.

⑤ 양성(兩聲)으로 두 개의 성부가 결합된 것이다. 牾는 성부인 牛와 吾로 이루어진 字로 여기에 속하는 예이다.

구석규가 전주를 제외시킨 것은 올바른 견해라고 할 수 있으나 그가 조자방법으로 주장한 상형, 가차, 형성의 삼서 역시 문제점을 안고 있다. 그가 말한 상형은 그 범위가 너무 넓고 포괄적이어서 다시 재분류가 필요하므로 적절한 분류라고 보기 어렵다. 또, 기존의 '육서'에 속했던 가차를 당란은 제외시켰었는데 가차를 구석규는 다시 넣음으로써 당란의 삼서설이 가지고 있던 문제점을 올바르게 인식하고 수정했다기보다는 오히려 잘못된 결과를 가져왔다고 할 수 있다. 왜냐하면 가차는 조자방법이 아니라 한자가 새롭게 만들게 하는 요인이기 때문이다. 결론적으로 구석규의 분류 역시 '육서'를 병합하고 수정하여 이루어진 것에 불과하다고 할 수 있다.

삼서는 육서보다 논리적으로 엄밀성이 있으며 보다 명확하고 보다 완벽한 이론이라고 하지만, 사실상 육서를 병합하고 수정하여 이루어진 육서의 변용이다. 그러므로 육서는 삼서로 변하였어도 여전히 한자구조 분석이론의 틀로서 건재하고 있다고 말할 수 있다.

4. 육서의 순서

육서의 순서는 조자 방법의 선후에 따라 결정되어야 한다. 한자의 조자 순서는 글자를 쓰기 쉬운 것부터 만들어진 것이 아니라 필요한 어휘의 탄생 순서와 일치한다. 이러한 관점에서 볼 때, 한자의 조자 순서를 살피는 것은 어떠한 어휘가 먼저 만들어졌는가를 살피는 것에서부터 시작되어야 한다. 어휘란 어떤 특정한 개념을 나타낸 것이다. 개념에는 구체적인 것과 추상적인 것이 있는데, 그 발생순서는 구체적인 것이 먼저일 것이다. 그렇다면 어휘 중에서도 구체적인 개념을 나타내는 것이 먼저 만들어졌을 것이며, 또한 한자도 구체적인 의미를 나타내는 것부터 먼저 만들어졌을 것이라고 추정할 수 있다. 아울러 글자의 구조적인 면을 고찰할 때, 합체자는 기존의 독체자의 결합에 의해 만들어진 것이므로, 독체자가 합체자보다 먼저 만들어졌을 것이다.

이상의 논리에 근거하여 육서의 발생 과정을 논한다면 상형이나 지사가 회의나 형성보다 먼저 만들어졌을 것이다. 왜냐하면 회의나 형성은 합체자이고 상형이나 지사는 독체자이기 때문이다.

상형과 지사의 선후는, 비록 글자를 쓰는 면에서는 지사가 상형보다 편리하고 빠르지만, 글자의 의미를 두고 볼 때, 象形은 대부분이 구체적인 것이고 지사는 추상적인 것이므로, 상형이 지사보다 먼저 만들어진 것이라고 할 수 있다. 예를 들어 지사자인 '一'字는 상형자인 '山'字보다 글자를 쓰기가 훨씬 빠르고 간편하지만, 一이라는 개념은 어떤 사물의 숫자를 나타내는 것이므로, 그 사물이 존재하지 않는다면 一이라는 개념도 존재할 수 없게 된다. 즉 '山'이란 개념이 존재한 이후에 그 山의 수가 하나인 경우, 一山이라는 개념이 존재할 수 있는 것이다.

회의와 형성은 모두 합체자이지만, 그 선후를 논한다면 회의가 먼저이다. 한자는 도화로터 발전되어 나온 것으로, 도화가 부호화되면서 音과 의미를 지니게 되었을 때, 하나의 완정한 한자로 성립된다. 그 후 한자는 도화의 성분을 지닌 채 어휘들을 표현하려는 경향을 견지하여 수많은 어휘

한자의 이해

들이 문자로 발전한 것이다. 그러나 문명과 문화의 발전에 따라 어휘의 증가 속도는 매우 빠른데 반해, 기존의 조자 방법인 도화의 부호화의 속도는 이를 따를 수가 없었으며, 이에 따라 기존의 글자들을 모아서 표현하고자 하는 새로운 어휘를 나타내게 된 것이다. 그러나 계속되는 어휘의 증가를 단순한 글자의 조합으로 나타내기에는 한계가 있었기 때문에, 보다 새로운 조자법을 찾게 되었는데, 이것이 바로 형성인 것이다. 형성이란 성부를 운용하여 만들어진 글자를 말하는데, 이와 같이 기존의 독체자를 성부로 삼아 새로운 글자를 만들어낸 방법은 표의문자로서의 한자가 갖는 한계를 극복하는 매우 발달된 조자법이라고 할 수 있다. 물론 실질적으로 초기와 중기에 만들어진 형성자의 성부는 의미를 내포하므로, 이를 역성자(亦聲字)라고도 하지만, 그 성립은 회의 다음이라고 말할 수 있다.

이상의 네 가지는 사실상 한자 조자법의 전부라고 할 수 있다. 그러나 전인(前人)들은 육서설에 얽매여 조자법을 육서에 의해서만 설명하려고 했다. 따라서 전주와 가차를 조자법으로 보고 이들의 성격에 대해 많은 이견들을 주장했다. 전주와 가차는 엄밀히 말해서 조자법은 아니므로, 위의 네 가지와는 다른 차원에서 개념이 설정되어야 한다. 또 일부 학자들은 전주와 가차가 조자법이 아니라 용자법이라고 하여, 육서를 사체이용(四體二用)으로 설명하려 하였다. 전주란 본자가 가차나 기타 원인에 의해 본래의 의미를 확실하게 나타낼 수 없게 되자 형성이나 회의의 방법으로 의미가 같고 음이 비슷하고 자형이 서로 통하는 별자(別字)를 만들어 본자(本字)를 대신하는 것을 말한다. 가차란 음이 같은 글자의 자형을 빌어 사용하는 것으로, 가차된 글자는 본자와 자형과 자음이 같지만, 의미는 아무런 관련이 없다. 이렇게 볼 때, 가차는 일종의 운용법으로 볼 수 있지만, 전주는 운용법으로도 볼 수 없다. 전주와 가차도 엄연히 육서의 일부를 이루고 있으므로,

이들의 순서를 정하자면 우선은 앞의 네 가지보다는 뒤라는 것은 확실하며, 가차는 전주의 한 원인이 되므로, 전주보다는 가차의 순서가 앞에 놓여야 한다.

종합하자면, 육서의 순서는 상형, 지사, 회의, 형성, 가차, 전주가 가장 타당하다.

한자의 이해

8. 중국 최초의 자전 - 說文解字

1. 성립배경

『설문해자』는 중국문자학을 연구하는데 있어 필수적이다. 고대 한자의 형태는 지금과 너무 다른 형상을 취하고 있기 때문에 당시와 접근된 시기의 서적을 이용한 연구는 보다 정확한 결론을 추출하는데 커다란 도움을 줄 수 있다. 그런 의미에서 약 1900년 전에 한자의 근원을 파악하기 위해 만들어진 이 책은 현재까지 알려진 문자학서로서 가장 중요한 위치를 차지하고 있다. 그러면 다음에서 이와 관련된 제반 사항을 알아보기로 한다.

1) 벽중서(壁中書)

진시황은 분서갱유를 반포하여(B.C 213) 의약·점서·농서를 제외한 모든 서적의 보유를 금하였으나, 일부 지식인들은 책들을 몰래 은닉하고 있었다. 조대가 한조로 바뀌고 2대 혜제사년(B.C 191)에 해제되자, 감추어 두었던 책들이 다시 햇빛을 보게 되었다. 이때 나온 것이 『효경』·『좌전』 등인데, 이들은 모두 육국고문으로 씌어졌다. 경제(景帝)때 노(魯)지방에 봉해진 그의 아들 노공왕(魯恭王)이 궁실을 확장하기 위해 孔子의 옛 집을 헐었다가, 벽속에서 『고문상서』・『예기』・『춘추』・『논어』・『효경』 등 수십 편의 경전을 발견하게 되었다고 한다. 이 문헌들을 "벽중서"라고 하는데, 이들도 역시 모두 은닉할 당시 통용되던 육국문자 즉 고문으로 쓰인 것이다. 이 벽중서의 발견은 중국 최초의 고문헌의 대발견이다. 그런데 이 "고문(古文)"이라는 명칭의 유래는 약간 엉뚱하다. 벽중서의 글자체가 진의 대전이나 소전과도 다르고 당대의 예서와도 달라서 발견 당시 학자들이 이를 아주 오래된 상고시대의 글자체로 오인하여 고문이라고 불렀다고 한다. 허신은 『설문해자』에 古文을 500여자 실었는데 거의가 이 벽중서에서 취한 것이다.

2) 고문경과 금문경

고문으로 된 경전에 한대학자들이 주석을 붙인 것을 고문경이라고 한다. 고문경과는 달리 문헌텍스트가 없이 사승(師承)에게 구전으로 전해오다가 한대에 당시 통용되던 예서 즉 금문으로 일일이 적어서 만들어진 경전을 今文經 이라고 한다.

전한시기에 학관에는 오경에 14박사를 세웠는데 이들은 모두 금문경박사였다. 전한에서는 이와 같이 금문경이 줄곧 관학으로 군림하였고, 고문경은 맥을 못 추고 민간에서 전수되어 오다가, 유흠(劉歆)이 득세하면서 고문경박사가 세워지고, 관학으로 등장하기 시작하면서 점차 금문학파와 팽팽하게 대립해 나가게 되었다. 이후로 금고문학파가 서로 승강의 기복을 번갈아 겪어가게 되다가 후한말에 정현(鄭玄)이 등장하여 금고문논쟁이 막을 내리게 된다. 정현은 고문을 종주로 하지만 금문에도 통달한 유명한 유학자로, 고문으로만 일관하지 않고 금문학설도 참조하여 군경을 주석함으로 전후한 내내 끌어왔던 금고문학파 간의 격렬한 논쟁을 종식시키고 급기야는 고문학파의 최후의 승리를 이끌어 내게 된다.

3) 편찬 동기

今文학파의 문자학상 가장 큰 맹점은 본래 텍스트가 없이 사승으로 입에서 입으로 전해오다 예서로 쓰인 것이기 때문에 고문자체를 모르고 자형이 많이 변모한 예서체에 근거하여 되는대로 마구 해석하는 경향이 있어 잘못된 견해가 많다는 것이다. 당시 고문에 밝았던 허신이 그러한 오류를 바로 잡으려는 생각을 했다는 것은 자연스러운 현상일 것이다.

그는 『설문해자』의 편찬 동기를 『설문해자·서』에서 다음과 같이 말하고 있다.

> 魯恭王壞孔子宅, 而得禮記尙書春秋論語孝經. 又北平侯張蒼獻春秋左氏傳, 郡國亦往往於山川得鼎彛, 其銘卽前代之古文, 皆自像似……而世人大共非訾, 以爲好奇者也, 故詭要正文, 鄕壁虛造不可知之書, 變亂常行, 以耀於世. 諸生競逐說字解經誼,……乃猥曰馬頭人爲長, 人持十爲斗, 虫者屈中也,……若此者甚衆, 皆不合孔氏古文, 謬於史籒. 俗儒鄙夫, 翫其所習, 蔽所希聞, 不見通學. 未嘗覩字例之條, 怪舊埶而善野言, 以其所知爲祕妙, 究洞聖

人之微恉.

　노나라 공왕(恭王)이 孔子의 옛 집을 헐어 『예기』, 『상서』, 『춘추』, 『논어』, 『효경』을 발견했고, 또 북평후(北平侯) 장창(張蒼)이 『춘추좌씨전』을 바쳤으며, 군국에서도 역시 산천에서 종종 정(鼎)과 이(彝)를 얻었는데, 그 명문이 곧 선대의 고문으로 모두 서로서로 비슷하였다.……그런데 세상 사람들이 심하게 비웃으며 기이한 것을 좋아하는 자들이 고의로 정문인 예서를 제멋대로 고쳐 벽(孔壁) 안에 몰래 남이 알 수 없는 문자를 날조하여 상행이 어지럽게 되고 세상이 혼탁하게 되었다고 여겼다. 이에 모든 유생들이 앞 다투어 字를 설명하고 경전의 의미를 해석하면서……이에 제멋대로 말하기를, '馬'字의 윗부분(대가리)을 가진 '人'(사람)이 '長'字가 된다고 하고, '虫'은 '中'이 구부러진 것이라고 했으며, 사람이 十을 쥔 것이 '斗'라고 하였으며,……이와 같은 것이 매우 많았는데, 이것들은 모두 공자의 고문과 달랐고 사주의 글자와도 달랐다. 어리석은 유생들과 일반 사람들은 자기가 익힌 글자만을 완고히 고수하면서 들어보지 못했던 것에는 귀를 막아 학문에 정통할 수 없었다. 또 자례의 조리를 본 적이 없어 고문을 괴이하게 여기고 속설이 맞는다고 하면서, 자신들이 아는 것이 심오하고 정밀한 것이라 성인의 심원한 의미를 고찰하여 통달할 수 있다고 한다.

　허신이 『설문해자』를 지은 동기가 바로 금문학파가 예서에 근거하여 문자를 잘못 해석하는 등 학문의 방법과 자세에 폐단이 적지 않아 이를 시정하려는데 있음이 잘 나타나 있다. 다시 말해 허신은 자례의 조리를 정확하게 설명하기 위해『설문해자』를 지은 것이며, 이 책은 화제(和帝) 영원(永元) 12년인 A.D 100年에 완성되었으나, 어찌 된 연고인지 그로부터 21년 후인 안제(安帝) 건광(建光) 원년인 A.D 121년에 아들 허충(許沖)이 병석에 누워있던 그를 대신하여 황제에게 헌상함으로써 세상에 알려지게 되었다.

2.『설문해자』의 작자

『설문해자』의 저자인 허신의 생애를 기록하고 있는 문헌은 거의 없다. 그나마『후한서(後漢書)·유림전(儒林傳)』에 간략하게 기록되어 있는데, 그 내용은 다음과 같다.

許愼字叔重, 汝南召陵人也. 性淳篤, 少博學經籍, 馬融常推敬之. 時人爲之語曰:"五經無雙許叔重" 爲郡功曹, 擧孝廉, 再遷除洨長. 卒于家. 初, 愼以五經傳說臧否不同. 於是撰爲五經異義, 又作說文解字十四篇. 皆傳於世.

허신은 자가 숙종(叔重)이고, 여남(汝南) 소릉(召陵) 사람이다. 성품이 순박하고 성실하며, 어려서부터 경서에 박학하여, 마융(馬融)은 항상 그를 추대하고 공경하였다. 당시 사람들이 그를 두고 말하길 "오경에 있어서는 허숙종(許叔重)과 비길 사람이 없다."고 하였다. 군(郡)의 공조(功曹)가 되었다가 효렴(孝廉)으로 추천을 받았고 다시 천거되어 洨(효)의 장(長)을 제수받았다. 집에서 생애를 마쳤다. 처음에 허신은 오경의 주석과 설명에 대한 견해가 달랐기 때문에 이에 『오경이의(五經異義)』를 편찬하였고, 또 『설문해자』 14편을 지었으니 모두 세상에 전한다.

또한 그의 아들 허충의 「상설문해자표(上說文解字表)」에는 허신이 태위남각제주(太衛南閣祭酒)를 지냈으며, 당시 고문경학의 대가였던 가규(賈逵)에게서 고문경학을 배웠다는 언급이 있다. 가규는 한 광무제(光武帝) 건무(建武) 6년(A.D. 30)에 태어났으므로 이를 근거로 볼 때 허신은 대략 한 명제(明帝) 영평(永平) 초(A.D. 58)에 태어났을 것으로 추측되며, 죽은 해는 『후한서(後漢書)·서남이야낭전(西南夷夜郎傳)』에 "환제(桓帝) 때······윤진(尹珍)이라는 사람이······여남(汝南)의 허신에게서 경서도위(經書圖緯)를 배웠다"는 기록에 의거하여 한 환제(桓帝) 건화(建和) 초(A.D. 150년 이후)로 추정되고 있다.

경학에 밝았던 허신은 당시 오경에 관한 내용을 사람마다 달리 해석하는 것에 불만을 품고 『오경이의』를 짓기도 하였는데, 그의 학문적인 입장은 고문경학파에 속한다. 이것은 그의 사승을 살펴봄으로써 알 수 있는데, 고문경학파의 태두는 유향(劉向)과 유흠(劉歆) 부자이며, 유흠의 제자가 가휘(賈徽)이고, 가휘의 아들이 가규(賈逵)이며, 가규의 제자가 허신이다. 그러므로 허신이 경학을 대하는 입장은 고문경학파에 속할 수밖에 없었으며, 이에 따라 자연히 한자의 원류에 많은 관심을 가질 수 있었던 것이다.

3. 『설문해자』의 체제

"설문해자"란 무슨 뜻인가?

1) "설문해자"의 명칭

『설문해자』는 '文을 설명하고, 字를 해설한다.' 즉 '문자'를 설명하고 분석한 자전이다. 허신은 '文'과 '字'의 의미를 구별하여 사용했는데, 그 차이에 관해 『설문해자 · 서』에서 다음과 같이 설명하고 있다.

> 倉頡之初作書, 蓋依類象形, 故謂之文. 其後형성相益, 卽謂之字. 文者, 物象之本也. 字者, 言孶乳而寖多也.
>
> 창힐이 처음으로 서를 만들 때에는 대개 부류에 의거하여 형체를 본떴으므로, 그것을 文이라고 한다. 그 뒤에 形과 聲을 서로 더했으니, 그것을 字라고 한다. 文이라는 것은 사물의 근본이고, 字라는 것은 말이 파생되어 점차 많아진 것이다.

위의 설명을 볼 때 '文'이란 독체자를 말하고, '字'란 합체자를 가리킴을 알 수 있다. 또한 '說'이란 해석하는[釋] 것이고, '解'란 나누는[判] 것이다. 즉, '설문'이란 독체자의 의미를 해석하는 것이고, '해자'란 합체자의 의미를 해석함과 동시에 그 형체 구조까지 분석하는 것을 의미함을 알 수 있다. 『설문해자』라는 이 서명을 통해 허신이 『설문해자』를 편찬할 때 단순히 자의의 해석에만 의미를 두지 않고 자형의 분석에도 주안점을 두고 있었음을 엿볼 수 있다.

2) 『설문해자』의 구성

『설문해자』는 원래 14편으로 구성되어 있었다. 그러나 아들인 허충이 조정에 바칠 때 篇을 권(卷)으로 바꾸었으며, 송초에 서현(徐鉉)이 『설문해자』를 교정하면서 다시 卷을 篇으로 바꾸고, 각 편을 上下로 나누었다. 단, 11편上에 해당되는 水部는 水部에 속하는 글자의 수가 너무 많아 이를 다시 上一·上二로 나누어, 11편上一에는 의미가 비슷한 글자를 순서에 따라 배열하였고, 上二에는 물의 동작이나 성질, 속도에 따라 글자를 배열하였다. 또한 敍와 部目을 15篇上으로 추가하였고, 허충이 안제에게 올린 상주서(上奏書)를 15篇下로 하여 총 30篇으로 만들었다.

『설문해자』는 소전(小篆)을 대표자로 삼아 총 9,353字를 수록하고 주문(籀文)과 고문 등의 중문(重文) 1,163字를 함께 싣고 있다. 『설문해자』에는 소전 이외에 220여 개의 주문과 500여 개의 古文, 또 약간의 혹체(或體), 속체(俗體), 기자(奇字)가 함께 실려 있는데, 이것들은 소전과 자형이 다를 뿐 의미는 소전과 중복되는(동일한) 것이므로 중문이라 하는 것이다. 수록된 문자의 총수에 대하여 허신은 『설문해자·서』에서 "이 14편은 540부이다. 글자는 9,353자이고, 중문은 1,163자이며, 해설은 모두 133,441자이다. (此十四篇, 五百四十部. 九千三百五十三文, 重一千一百六十三, 解說凡十三萬三千四百四十一字.)"라 했다.

물론 현재 볼 수 있는 『설문해자』는 장기간에 걸쳐 거듭 필사를 통해 전해진 텍스트이기 때문에 전승되는 과정 중에 필연적으로 문자의 증감이 있게 되었고, 또 판본을 교감하는 학자들의 주장 차이로 인해 서로 다른 글자를 더하고 빼는 경우가 있게 되어, 글자 수에 있어 허신이 말한 숫자와는 차이가 있다. 일례로, 현재 전해지는 『대서본(大徐本)』에는 소전이 9,431字로 78字가 추가되고 중문이 1,279字로 116字가 추가되었으며 해설은 122,699字로 10,742字가 줄어들었고, 단주본에서는 정문(正文) 9,447字, 중문 1,280字를 수록하고 있다. 하지만 기본적으로는 『설문해자』의 수록 글자 수는 9천 수백자라고 보아도 무방할 것이다.

3)『설문해자』의 부수 배열

　허신은 9천여 자의 글자를 부수배열법에 의거하여 540부로 분류했다. 540부의 배열순은 "一"部에서 시작하여 "亥"部로 끝난다. 만물이 一首에서 시작하여, 12支의 마지막에 오는 地支인 동시에 음력 10월을 나타내는 亥에서 끝난다고 보는 오행설에 기초한 배열법이다. 총 540개의 부수는 기본적으로 글자모양이 비슷한 것 즉 자형이 서로 비슷한 것끼리 연결해 나가는 순서(據形系聯)로 배열하였다. 때로는 자형에 의거한 연결이 불가능할 경우가 잇는데 이러한 경우에는 의미가 같은 것끼리 연결하는 방법으로써 540개나 되는 방대한 부수를 차례로 배열해 나갔다. 매 글자마다 먼저 字義를 풀이하고 자형을 분석하였으며, 필요한 경우 字音을 설명하고 이체자를 열거했다. 이러한 부수배열법은 허신이 최초로 창안한 것으로, 표의문자인 한자의 특성에 적합한 배열법이기 때문에 이후의 자전은 모두『설문해자』의 부수배열법을 따르게 된다.

　『說文·1篇』의 글자들을 예로 들어 살펴보자.

　『說文·1篇』에는 '一'(一), '二'(上), '示'(示), '三'(三), '王'(王), '王'(玉), '珏'(珏), '气'(气), '士'(士), 'ㅣ'(ㅣ), '屮'(屮), '艸'(艸), '蓐'(蓐), '茻'(茻)의 14개 부수가 있다. 우선 '上'은 '一'을 위아래로 나란히 쓴 모양이므로 '一'의 뒤에 놓였고 '示'는 '上'의 윗부분을 근거로 획을 더한 것이라 할 수 있으므로 '上'의 뒤에 놓였다. '三'은 '上'의 위에 다시 한 획을 그은 모양이므로 그 뒤에 놓였고, '王'은 '三'의 가운데를 연결시킨 모양이므로 그 뒤에 놓였으며,

'玉'은 '王'과 자형이 거의 비슷한 동시에, 두개의 '玉'을 더한 모양인 '珏' 部와 연결되어야 하므로 '王'의 뒤에 놓였고, 이어서 '珏'이 놓였다. '气' 는 '三'과 비슷하긴 하지만 모양이 비스듬하므로 그 다음에 놓였고, '士' 는 '一'과 '十'을 따른 모양이기 때문에 그 뒤에 놓였다. 이상의 '一'部에서 '士'部까지가 한 묶음으로, 모두 '一'의 형태에 근거하여 서로 연결해나간 것들이다. 한편, 'ㅣ'은 '一'을 똑바로 세운 모양으로, '一'과 관련이 있기는 하지만 앞서 '士'部까지의 9部와는 성격이 다른 까닭에 '士'部 뒤에 놓았 고, '屮'은 허신의 설명을 따르면 "초목이 처음 자라는 것으로, ㅣ이 나오 는 모양을 본뜬 것(草木初生也, 象ㅣ 出形)"이므로 'ㅣ'의 뒤에 놓였으며, '艸' 는 두개의 '屮'을 더한 모양이므로 '屮'의 뒤에 놓였고, '蓐'은 '艸'를 따르 고 있으므로 '艸'의 뒤에 놓였고, '茻'은 다시 '艸'을 두개 더한 모양이므로 '蓐'의 뒤에 놓인 것이다. 이렇게 하여 'ㅣ'部에서부터 '茻'部까지가 다시 하나의 묶음이 된다. 이러한 배열을 통해 허신은 자형을 근거로 각 부수들 을 배열하고 있음을 알 수 있다.

4)『설문해자』의 글자 배열

『설문해자』에서는 각 부수에 속하는 개별 글자들을 배열하는 경우에 도 일정한 원칙이 적용되었다.

① 뜻이 비슷한 글자들은 서로 연결되게 배열하여 글자 검색이 편리 하게끔 했다.

② 개별 글자들은 일반적으로 좋은 의미를 가진 글자가 앞에, 좋지 않 은 의미를 가진 글자가 뒤에 놓였다. 예를 들어 '示'部에서 '禮, 禧,

禛, 祿' 등은 모두 좋은 의미를 지니고 있기 때문에 앞쪽에 놓여 있고, '祲, 禍, 祟' 등은 모두 재앙의 의미를 지니고 있기 때문에 끝에 놓여 있다.

③ 고유명사가 앞쪽에, 일반명사가 뒤쪽에 놓인다.

④ 부수로 쓰인 글자의 자형이 중첩된 모양의 글자라던가 뒤집힌 모양의 글자인 경우에는 그 부수의 가장 끝에 놓였다. 예를 들어 '𠱟'字는 세 개의 '言'의 형태를 따르고 있으므로 '言'部의 가장 끝에 놓였고, '𨚙'字는 '邑'을 뒤집은 모양이므로 '邑'部의 가장 끝에 놓였다.

⑤ 동한 시기 황제들의 이름인 경우에는 그 글자들의 제일 앞에 놓인다. 예를 들어 광무제(光武帝)의 이름인 '수(秀)'는 '禾'部에 속한 글자 중 제일 앞에 놓였고, 명제(明帝)의 이름인 '장(莊)'은 '艸'부에 속한 글자 중 제일 앞에 놓였으며, 장제(章帝)의 이름인 '달()炟'은 '火'部에 속한 글자 중 제일 앞에 놓였다.

4.『설문해자』의 단점

『설문해자』는 많은 가치를 지닌 훌륭한 연구서이긴 하지만, 당시 아직 고문자 자료가 발굴되지 않아 접할 수 있던 자료가 불충분한 등의 이유로 인해 적지 않은 오류를 범하고 있다.

이것은 크게 조례상 빠진 부분 6가지와 잘못된 부분 4가지로 나눌 수 있다.

1) 육궐(六闕)

『설문해자』에는 자의 설명이 빠진 경우, 자형 분석이 빠진 경우, 자음 설명이 빠진 경우, 부수가 누락된 경우, 형체 구조와 의미간의 상관관계에 대한 설명이 빠진 경우의 여섯 가지 빠진 부분이 있는데, 이를 육궐이라 한다.

(1) 수록되어야 할 글자가 빠진 경우 :

합체자의 경우, 그 합체자의 편방에 사용된 글자는 이미 존재하고 있는 글자이므로 그 글자를 수록하고 설명해야 함에도 불구하고 그 글자를 싣지 않은 경우이다. 예컨대 '希'字는 『설문·7上』의 '晞', '稀' 등에서 편방으로 사용되고 있지만 정작 '希'字는 수록되지 않았다.

(2) 자의 설명이 없는 경우 :

『설문해자』의 조례상, '珏'字처럼 자형 분석만으로도 그 글자의 의미를 알 수가 있는 경우를 제외하고는 자의 설명을 해 주고 있다. 하지만, 아예 자형만 제시하고 자의 설명을 일부러 하지 않는 경우가 있는데, 예를 들면 『설문·12下』의 '戬'字 같은 경우에는 자의 설명 부분에 "궐(闕)"이라고만 표시해두고 있다. 자의 설명을 하지 않고 "궐(闕)"이라고 표시하는 것은 허신이 그 의미를 알지 못하거나 또는 의미를 알더라도 설명의 근거가 없는 경우로, 아마도 허신은 모르는 것은 설명하지 않는 편이 잘못 설명하는 것보다 옳다고 여겼던 것 같다.

(3) 자형 분석이 빠진 경우 :

역시 '武'字처럼 자의 설명을 통해 자형 구조를 알 수 있는 경우에는 생략하는 것이 관례이다. 하지만 그런 경우가 아님에도 불구하고 자의만 설명하고 자형 분석은 생략한 경우가 있다. 예를 들어, 『설문·8下』의 '朕' 字는 "朕, 我也. 闕"이라 되어 있다.

(4) 자음 설명이 없는 경우 :

허신은 자음을 알지 못하는 경우 "闕"이라고 표시하였는데, 예를 들어 『說文·10上』의 '毳'字의 경우 "毳, 疾也. 從三兔. 闕"이라 했다.

(5) 자형 구조상 별개의 부수로 독립되어야 함에도 불구하고 다른 部 에 귀속시켜 부수가 누락된 경우 :

예를 들어 『설문·4上』의 '焉'字는 새의 모양을 본뜬 독체상형자이므로 부수로 독립시켜야 하지만 『설문해자』에서는 이를 생체상형자인 '烏' 部에 귀속시키고 있다. 이것은 독체상형자는 하나의 부수로 독립시킨다는 『설문해자』의 조례와 맞지도 않을 뿐만 아니라, 독체상형자를 생체상형인 부수자에 귀속시키는 오류를 범하고 있는 것이다.

(6) 마지막으로 글자의 의미가 자형의 구조와 상당히 달라 형체 구조 와 의미간의 연관관계에 대한 설명이 있어야 함에도 불구하고 이 를 알지 못해 "闕"이라는 표현으로 대신한 경우 :

예컨대 『설문·6上』의 '某'字는 "某, 酸果也, 從木甘. 闕."이라 하였는

데, 자형을 '木'과 '甘'으로 이루어진 글자로 분석했으므로, 字義 역시 단맛을 내는 나무 혹은 과일이 되어야 한다. 그러나 "酸果也"라 하여 신맛을 내는 과일이라는 의미로 풀이하고 있으면서도 그것이 왜 신맛을 내는지 알 수가 없어 "闕"이라는 용어로 대신하고 있다.

2) 사오(四誤)

사오란 자형 분석의 오류, 자의 설명의 오류, 육서 분류의 오류, 부수 분류의 오류 등 『설문해자』의 네 가지 오류를 말한다.

(1) 자형 분석의 오류 :

예를 들어 『설문·7上』의 '晶(晶)'字는 "晶, 精光也, 從三日."이라 하여 '日'字가 세 개 모여 이루어진 글자로 분석하고 있지만, 사실 '晶'字의 甲骨文인 晶(佚 506), 晶(後 2.9.1)을 보면 '日'字가 세 개 모여 이루어진 글자가 아니라 하늘의 별들을 본떠 만든 글자이며 '星'字의 本字라는 것을 알 수 있다. 하늘에 별들이 많음에도 불구하고 세 개만 취한 것은 셋이라는 숫자가 많음을 뜻하기 때문이며, 그런 예로는 『설문·2下』의 '行(行)'字는 "行, 人之步趨也, 從彳亍"이라 하여, '彳'字와 '亍'字가 합쳐 이루어진 글자로 설명하고 있으나 '行'字의 甲骨文은 行(甲 574)으로, 이는 "사거리"의 모습을 본떠 만든 독체상형자이며, 인신되어 "간다"는 의미로 사용되고 있다. 이 글자는 자형 분석이 잘못됨에 따라 象形을 會意로 잘못 분석한 결과를 낳게 되었다. 이 밖에 불룩한 주머니의 양쪽 끝을 묶은 형상을 본뜬 '東(東)'字를 나무에 해가 걸려 있는 모양으로 보아 '木'과 '日'로 잘못 분석한 것

등『설문해자』에는 자형 분석의 오류가 많이 보인다. 자형의 분석이 잘못되면 자의 설명이 잘못될 수도 있고, 아울러 육서 분류와 부수로의 귀납 역시 잘못될 가능성이 커진다. 허신이 자형을 잘못 분석한 원인 중 가장 큰 이유로는 허신이『설문해자』를 저술할 때 그 이전 시기의 문자인 갑골문과 금문이 미처 출토되지 않아 참고 자료가 부족했기 때문이라는 점을 들 수 있다.

(2) 자의 설명이 잘못된 경우 :

『설문·4上』의 '鳥(鳥)'字의 경우 "鳥, 長尾禽總名也."라 하고, '隹(隹)'字는 "隹, 鳥之短尾總名也."라 하여 '鳥'는 꼬리가 긴 새의 총칭이고, '隹'꼬리가 짧은 새의 총칭으로 풀이하고 있다. 그러나 鳥의 갑골문鳥, 금문鳥, 隹의 갑골문隹 금문隹 자형을 보면, 字形上으로 꼬리의 길고 짧음이 구별되지 않는다. 또한 허신의 설명대로라면 '鳥'字가 편방으로 쓰인 글자는 긴 꼬리를 가진 새들이 되고, 반대로 '隹'字가 편방으로 들어간 글자는 짧은 꼬리를 가진 새들이 돼야 합당하겠지만, 긴 꼬리의 새인 '雉'나 '雀'에 '隹'가 편방으로 쓰이고 있고, 짧은 꼬리의 새인 '鶴'과 '鷺', '鳩' 등은 '鳥'字가 偏旁으로 사용되고 있어서 허신의 설명이 오류임을 알 수 있다. 또한 자례상으로 볼 때, '雞', '雛', '雕'는 '鷄', '鶵', '鵰'로도 사용되고 있어서 이들이 이체자 관계임을 알 수 있다. 위와 같은 상황으로 볼 때, '鳥'字와 '隹'字는 원래 동자(同字)였다가 후에 분리되어 '鳥'字와 '隹'字로 분화된 것임을 알 수 있다. 즉, 이들은 모두 새의 총칭일 뿐 꼬리 길이에 따라 구별되어 쓰였던 글자가 아니다. 이와 같은 자의 설명의 오류는 대부분 자형 분석의 오류에서 비롯되는 경우가 많다. 한편 자의 설명의 오류에는 가차의나 인신의를 본의로 잘못 알고 설명하는 경우가 있다. 『설문』의 조례로 본다면 글자의 자의 풀이는 본의를 밝히는 것이 원칙이며, 본의 대신 가차의나 인신의로 풀이하는 경우는 원칙상 잘못된 것이다. 가차의로 석의한 경우로 『설문·14下』의 '子(ꟼ)'字를 들 수 있다. '子'字는 "子, 十一月陽氣動, 萬物滋"라 하여 干支字의 의미로 설명하고 있지만, 원래는 어린 아이의 형상을 그린 상형자로 본의는 "아이"이고 후에 인신되어 "성인"이나 사람에 대한 경칭의 의미로 사용되었으며, 또 가차되어 간지명이나 작명 등으로 사용되게 된 것이다. 물론 허신이 가차의로 풀이한 모든 글자가 잘못된 것이라고는 할 수 없다. 만약 본의를 알면서도 당시 사람들이 가차의를 더욱 많이 사용했기 때문에 가차의로 풀이했다면 그것은 오류로 볼 수 없는 것이다. 한편, 인신의로 풀이한 경우로는 『설문·12下』의 '瓦(ꟼ)'字를 들 수 있다. 허신은 "瓦, 土器已燒之總名"라 하여 '瓦'를 불로 구워낸 토기들에 대한 총칭이라고 풀이하고 있다. 그러나 자형상으로 볼 때 이는 와편의 형상을 그린 것으로 본의는 "기와"이며, "기와"는 불로 구워 만든 토기의 일종이기 때문에 인신되어 토기의 총칭으로 사용되게 된 것인데 허신은 본의 대신 인신의로 자의를 풀이하고 있다.

(3) 육서 분류의 오류 :

　　이것은 자형 분석시 상형을 회의로 여긴다든가 혹은 회의를 형성으로 취급했다든가 하는 등 육서를 잘못 분류한 경우를 가리킨다. 이것 역시 자형 분석의 오류에서 기인하는 것으로, 앞에서 예를 들었던 '晶'字의 경우 상형자를 회의자로 잘못 분류하는 것이 그 예가 된다.

　　　　　　　　　　　　　　　　　　　　　　　한자의 이해

(4) 부수 분류의 오류 :

이것 역시 자형 분석의 오류와 직접적인 관계가 있고, 闕部와도 연관이 있다. 예를 들면, 『설문·1上』의 '天(灭)'字의 경우 "天, 顚也. ……從一大."라 하고 이를 一部에 귀속시키고 있다. 그러나 '天'字의 本字는 곳으로, 머리 부분을 강조한 사람의 형상을 본뜬 글자이다. 따라서 '天'字는 '一'部에 귀속시킬 것이 아니라 '天'部를 만들어 독립시켜야 한다. 또 闕部에서 언급했던 '焉'字 역시 '鳥'部가 아니라 따로 '焉'部를 만들어 독립시켜야 옳다.

5. 『설문해자』의 판본 및 연구서

『설문해자』원본의 판본으로 가장 오래된 것으로는 당대의 사본으로 잔권만이 남아 있을 뿐이며, 당대의 이양빙(李陽冰) 역시 『설문해자』의 판본을 수정, 교감했다고 하나 원서는 전하지 않는다. 완정된 모습으로 현재까지 전하는 최공(最古)의 판본으로는 송대 서현(徐鉉)이 교감한 『설문해자』(大徐本)가 있고, 체계적으로 『설문해자』를 해설하고 분석한 연구서로는 남당(南唐)의 서개(徐鍇)의 『說文解字繫傳(설문해자계전)』이 있는데, 이들 이서(二徐)로부터 『설문해자』의 연구가 본격화되었다고 할 수 있다. 이후 청대의 설문사대가에 의해 『설문해자』에 대한 종합적인 연구가 이루어졌고, 근대의 정복보(丁福保)에 의해 그 이전까지의 각종 『설문해자』의 연구가 집대성되었으며, 이후 현재까지 『설문해자』는 거대한 '설문학'을 형성하며 많은 학자들에 의해 연구되어지고 있다.

1) 당대 이양빙(李陽冰)의『설문해자』정리

이양빙은 唐代의 서예가로 특히 전서에 능했는데, 전서에 대한 자신의 실력을 바탕으로 『설문해자』를 수정했다고 한다. 그가 수정했다는 『설문해자』는 현재 전해지지 않아 완전한 모습을 알 수 없지만, 서개의 소서본에서 그의 견해를 인용하면서 비판, 수정하고 있으므로 이양빙의 수정 내용을 엿볼 수 있다.

①『설문해자』소전체에 대한 수정 : 이양빙은 당대 이전에 발견된 진대의 각종 석각문을 근거로 『설문해자』 소전체를 수정하였다. 예를 들어 '王'字의 경우에는 두 번째 획이 보다 위로 올라가야 한다고 했고, '玉'字의 경우에는 세 획이 똑같아야 한다고 했다.

②『설문해자』의 자형 분석에 대한 새로운 견해 제시 : 이양빙은 허신의 견해를 반박하며 새로운 견해를 제시하기도 했다. 예를 들어 '隹'字의 경우 허신은 '隹'字는 '꼬리가 짧은 새'이고 '鳥'字는 '꼬리가 긴 새'라고 보았으나 이양빙은 『이아(爾雅)』를 보면 꼬리가 긴 새들도 '隹'字를 쓰고 있으므로 이것은 그냥 새의 총칭이지 꼬리가 짧은 새만을 지칭하는 것이 아니라고 했다.

서현과 서개가 이양빙의 수정을 억설이라고 비평한 이래 이양빙은 『설문해자』를 제멋대로 고쳐 『설문해자』의 본모습을 훼손시킨 자로 비판받고 있지만, 그의 주장이 모두 낭설인 것은 아니다. 위에서 두 번째로 예를 든 '隹'字의 경우 갑골문이나 금문의 자형을 볼 때 그냥 새의 총칭이라고 본 설명이 옳다. 따라서 이양빙을 단순히 『설문해자』의 본모습을 훼손시킨 자로만 비판할 것이 아니라 비록 많은 오류를 범하기는 했지만 고대부터 전해 내려오는 실물에 새겨진 문자 자료를 근거로 『설문해자』를 수정하는 신선한 시도를 했던 점은 높이 사서 재평가해야 된다고 본다.

2) 남당(南唐)의 대소서(大小徐)

현재 우리가 볼 수 있는 가장 이른 설문판본은 허신의 원본이 아니고 송초의 교정본이다. 오대 남당에서 벼슬했던 서현이 남당이 망하고 송으로 왕조가 바뀐 뒤, 송태종의 명을 받아 『설문해자』를 교정하여 완성한 것을 국자감에서 조판하여 간행한 것이 이 교정본이다. 『설문해자』원본의 15卷을 각각 上下로 나누고, 매 글자마다 손면(孫愐)이 지은 운서『당운(唐韻)』의 반절을 달아 음을 표시하였고, 경전 등에서 사용되지만『설문해자』에 빠진 글자들을 "신부(新附)"로 보강 하였으며, 민간에서 쓰고 있는 이체자 28字와 소전의 필획이 잘못된 글자들을 각부의 끝에 더해 해석하였다. 이 책을 사람들은 보통 대서본(大徐本)이라고 한다.

서현의 동생 서개도『설문해자』연구에 전념한 설문학자이기 때문에 형을 대서(大徐), 동생을 소서(小徐), 그리고 이들 형제를 묶어서 대소서(大小徐)라고 부른다.

동생 서개는 형보다 먼저 남당에서 이미『설문해자』에 주를 달아『說文解字繫傳(설문해자계전)』이라는 주석본을 냈다. 그는 이 책에서 당의 이양빙의 뜯어고친 부분들을 수정하고 또『설문해자』에 상세한 주를 달았다. 이것을 사람들이 보통 소서본이라고 하는데, 이 소서본은 나중에 나온 대서본에 큰 영향을 주었다. 서현은 대서본 곳곳에서 동생 개의 설을 인용하고 있다.

3) 청의 설문사대가

대소서본 이후부터 청대 이전의 『설문해자』연구로서는 남송의 학자 정초(鄭樵)의 『육서략(六書略)』이나 대동(戴侗)의 『육서고(六書故)』 정도를 들 수 있지만, 송대의 설문학은 의리 위주로 하는 송학(宋學)의 테두리 안에서 견강부회한 해석이 많아 보잘것없다.

대소서 이후 800년 가까이 공백기를 거친 후 청대로 가면 한학이 창성하면서 『설문해자』의 연구가 본격적으로 시작된다. 청대의 학풍은 의리만을 중요시하는 송대학풍에 대한 불만으로 한대의 훈고학의 전통을 이어받아 철저한 훈고·고증을 경학연구의 기초학문으로 삼았기 때문에 소학은 공전의 흥성을 하게 되었던 것이다. 청대학자들은 『설문해자』를 가장 중시하여 너도나도 이 『설문해자』에 주를 달고, 교감하고, 체례를 연구하는 등 전면적으로 달려들어 연구를 하는 바람에 관계저술이 너무 많아 그중 유명한 것만 100여종이 넘는다.

(1) 단옥재(段玉裁)의 『설문해자주(說文解字注)』

가장 유명한 단옥재의 『설문해자주』는 그가 36년간 걸려 『설문해자』 전반에 걸쳐 종합적으로 상세하게 주석을 한 필생의 대작이다. 『설문해자』의 문자를 교감하고 『설문해자』 전체에 해박한 경전지식을 이용하여 상세한 주해를 하고 문자의 뜻풀이 부분에서는 허신의 본의 외에 인신의와 가차의까지 설명하였으며, 문자의 음에 있어서는 자신이 분류한 십칠고운부(十七古韻部)중 소속 고운부(古韻部)를 전부 밝혔다. 이 『설문해자주』는 이와 같이 단옥재 자신의 창조적 견해가 많아서 주석서가 아니라 창작서라고 평가되기도 한다. 단옥재의 『설문해자주』는 어느 주석본보다도 해설이 상세하여, 많은 사람들이 『설문해자』를 연구할 때 저본으로 삼고 있다. 그러나 내용이 방대한 만큼 허신의 견해를 변호하는 의견 등 결점 역시 적지 않아 이후 段注에 대한 많은 교정 작업이 이루어졌다.

(2) 계복(桂馥)의 『설문해자의증(說文解字義證)』

계복의 『설문해자의증』은 50권으로 이루어졌다. 1권부터 48권까지는 『설문해자』에 대한 소증(疏證)으로 허신이 인용한 여러 고서들의 편명을 밝혀 놓았고, 49권은 「설문서(說文序)」와 허충의 「진서표(進書表)」에 대해 설명한 것이다. 50권의 상편은 「부록(附錄)」으로 주로 고서중에 『설문해자』와 유관한 자료들을 모아 놓고 『설문해자』가 후대 자서에 끼친 영향에 대해 설명하였으며, 하편은 「부설(附設)」로 『설문해자』의 판본교감 자료를 수집, 소개하고 있다. 『설문해자의증』의 가장 큰 장점은 여러 경전과 타 문헌들 속에 나오는 옛 낱말의 뜻풀이를 『설문해자』설의 예증으로 삼았으므로 재료가 상당히 풍부한 것이다.

(3) 왕균(王筠)의 『설문석례(說文釋例)』와 『설문해자구두(說文解字句讀)』

『설문석례』는 『설문해자』에 수록된 글자들을 재편집하여 육서의 조례를 밝히고, 그간의 金文 연구 성과를 이용하여 허신의 설을 증명하거나 수정하였기 때문에 『설문해자』의 체례 분석에 관한한 가장 훌륭한 연구서로 평가되고 있다.

『설문해자구두』는 단옥재의 『설문해자주』와 계복의 『설문해자의증』 등 제학자들의 설문학설을 폭넓게 보고 정수를 취하여 정리하고 수정 보완하여 만든 책이다. 『설문해자』를 배우는데 편리하게 되어있으며, 특히 초학자들에게도 비교적 어렵지 않게 되어있어 문자학의 보급에 뜻이 있었음을 알 수 있다.

(4) 주준성(朱駿聲)의 『설문통훈정성(說文通訓定聲)』

『설문통훈정성』은 『설문해자』의 540부 체례를 완전히 바꾸어 고운(古韻) 18부로 나누고, 18부에서는 다시 형성성부별로 배열하였다. 또 『설문해자』에 주석을 다는 것 외로도, 인신의와 가차의도 설명하고 『설문해자』에 실리지 않은 글자 중에 한·위 이전의 고서에 나오는 글자가 있으면 이를 보충하였다. 이 책은 해성자(諧聲字) 자료로서 상고음 연구에 필수적 자료다.

4) 『설문해자고림(說文解字詁林)』

정복보(1874-1952)의 『설문해자고림』은 1895년에 편찬을 시작하여 1928년에 완성한 것으로, 전편과 후편으로 나뉘어 있으며 총 66冊이다. 明代 이후의 『설문해자』 및 문자학에 관한 기존의 연구서 182종을 모은 것으로 전편에서는 각종 서적의 서발류를 모으고 육서 총론, 『설문해자』와 문자에 관한 총론, 『설문해자』에 관한 이전 학자들의 연구 결과 등을 수록하였고, 후편에서는 『설문해자』에 누락된 글자들을 고증하고 해석하였다. 『설문해자』의 각 글자에 대해 우선 대서본과 소서본을 인용하고, 이어 『설문해자주』, 『설문해자의증』, 『설문해자구두』, 『설문통훈정성』 등 각종 연구서를 원저에서 발췌하여 영인하고, 마지막으로 갑골문과 금문의 자형을 연구한 책까지 모두 싣고 있다.

원서를 영인하여 오려 붙였기 때문에 전사 과정에서 있을 수 있는 오류도 미연에 방지하였고, 총 182종의 저서 내용을 글자별로 나열하였기 때문에『설문해자』에 관한 제설을 한 눈에 살펴볼 수 있어서『설문해자』연구의 집대성으로 평가된다. 또 1932년에는『보유(補遺)』16冊을 펴내어 1928년의 66冊에 넣지 못한 近人들의 연구 성과도 같은 형식으로 재차 모아 놓았다.

6.『설문해자』의 가치

『설문해자』는 문자학, 음운학, 훈고학 등 전통적인 언어학 연구의 기본이 될 뿐 아니라 자전학이나 갑골문·금문 연구 등의 고문자학에 있어서도 중요한 참고 자료가 된다. 또한 허신의『설문해자』에는 한대 및 그 이전 시대의 각종 역사와 사회적 면모가 기록되어 있기 때문에 고대사 연구에 있어서도 필수적인 참고 서적이라 할 수 있다. 다음에서는『설문해자』의 가치를 크게 언어학적 가치와 사회문화사적 가치로 구분하여 살펴보기로 한다.

1) 언어학적 가치

『설문해자』는 중국 최초로 부수배열법을 창안, 부수배열법에 의거하여 글자를 배열한 체계적인 字典이다. 물론 허신 이전에도 자서가 있기는 했으나 모두 글자교본의 수준의 단편적인 것이었고, 그나마 대부분 소실

되었었던 반면, 허신은 복잡한 한자의 자형 구조를 분석하여 部首를 세우고, 동일한 형부를 지니고 있으면 동일 부수에 글자를 귀속시킨 후, 각 부수는 형태별로, 부수 내의 글자는 의미별로 연결하여 체계적인 자전의 양식을 창안했다. 이러한 형식은 후대에도 계속 계승되어 梁代에는 고야왕(顧野王)이 『옥편(玉篇)』을 지었고, 송대에는 사마광(司馬光) 등이 『유편(類篇)』을 편찬하였다. 요금(遼金) 시기에 이르면 기존의 육서 검자법을 음서 검자법으로 바꾼 요(遼), 행균(行均)의 『용감수감(龍龕手鑑)』과 금대(金代) 한효언(韓孝彦)의 『사성편해(四聲篇海)』가 나왔으며 명대에는 매응조(梅膺祚)가 『자휘(字彙)』를, 장자렬(張自烈)이 『정자통(正字通)』을 지었으며, 청대인 1716년에는 장옥서(張玉書) 등이 기존의 자전을 집대성한 『강희자전(康熙字典)』을 편찬하였는데, 한자의 형부에 의해 부수를 선정하고 순서를 결정하는 육서검자법이 검자의 편리성을 고려하여 음이나 필획순으로 바뀌었다는 차이가 있을 뿐, 부수배열법이라는 원칙은 현재까지도 보편적으로 이용되고 있는 방식이다.

『설문해자』는 한대 당시에 통용되던 예서가 아니라 그 이전 시기의 문자인 소전을 정자로 삼아, 소전의 형태를 분석하여 문자의 형태 구조를 귀납하는 동시에 당시까지 남아 있던 고문과 주문 등을 수록하고 있다. 소전은 고문자와 근대문자를 구분하는 표준이 되는 자체이기 때문에 소전을 수록하고 분석한 『설문해자』는 문자의 발전과 변화의 연구에 대단히 중요한 가치를 지니며, 허신이 아니었다면 역사 속에 묻혀버릴 뻔 했던 고문과 주문 등 고문자 자료를 수록하고 있다는 점 역시 커다란 공로로 인정되고 있다.

또한 허신은 조자의 원리를 육서로 보고 육서의 이론에 입각하여 자형 구조를 분석하는 동시에, 형태와 의미의 상관관계에 착안, 자형을 의미

　　　　　　　　　　　　　　한자의 이해

의 근거로 삼는 등 문자에 대한 새로운 연구 방법을 제시함으로써 후대의 문자학 연구에 많은 영향을 끼쳤다.

한편, 고대에는 어음을 직접 녹음하여 기록할만한 수단이 없었기 때문에 고음을 연구할 때는 문자 자료를 귀납하여 당시 어음을 재구하는 방법을 이용하게 되는데, 『설문해자』에 수록된 글자 중 80% 이상이 형성자기 때문에 이들 형성자의 해성(諧聲)체계는 바로 고음 연구의 기본 자료가 된다. 또한 자의를 풀이할 때 이용한 성훈(聲訓)의 방식이나, 독음을 설명할 때 이용한 독약(讀若) 등도 고음 연구의 방증 자료로 사용될 수 있다. 실제로 청대 이후의 『설문해자』 연구자들은 『설문해자』의 형성자를 근거로 고음 연구에 있어 많은 연구 성과를 내었는데, 단옥재 같은 경우 『시경』의 압운 상황을 근거로 고운을 6류 17部로 나누고 「해성표(諧聲表)」를 만들어 『설문해자』 형성자의 성부와 서로 인증하였고, 주준성은 『설문해자』의 형성자 성부 1,137개를 분석하여 고운을 18部로 분류하였다.

허신은 글자를 풀이할 때 철저하게 본자의 본의가 무엇인지 탐구하였는데, 본의는 바로 인신의의 출발점이다. 한대는 갑골문과 금문이 사용되던 시기와 그리 멀지 않은 시대였던 데다가, 허신이 정문으로 삼은 소전 역시 예서 이후의 자체에 비해 본자의 형태를 많이 보존하고 있기 때문에 자형 분석을 근거로 본의를 탐구한 『설문해자』는 후대 훈고학 연구에도 엄청난 참고 자료의 가치를 지니게 된다. 또한 『설문해자』에서는 자의를 풀이하면서 구경(九經)의 내용 및 동중서(董仲舒)·사마상여(司馬相如)·유향(劉向)·유흠(劉歆)·양웅(揚雄)·두림(杜林) 등 한대 학자들의 설을 인용하고, 또 제자백가나 그 밖의 주요 서적을 다수인용하고 있기 때문에 고서의 의미를 해석할 때 많은 도움을 받을 수 있다. 비록 출전을 잘못 밝혔거나 원래의 내용을 잘못 이해한 채 서술하고 있는 부분도 있기는 하지만, 『설문해자』를 이용하여 여러 전적의 빠진 부분을 보충하거나 혹은 제목만 남고 내용은 전하지 않는 여러 자료의 면모를 살펴 볼 수 있다는 점에서 커다란 의의를 지닌다고 하겠다.

2) 사회 문화사적 가치

『설문해자』는 자의를 풀이할 때 고대 사회의 생산·과학·의료학·사회제도 등을 언급하고 있기 때문에 『설문해자』의 연구는 고대사 연구에 중요한 참고 자료가 되며 고대사 전적의 부족한 면을 보충해 줄 수 있는 등 사회 문화사적으로 가치를 지닌다고 볼 수 있다.

우선 『설문해자』는 고대 중국의 생산의 양식이 어떠했는지를 보여준다. 자의 풀이에 사용된 여러 가지 어휘와 그 개념으로부터 당시 생산의 모습을 추출해 낼 수 있는 것이다. 그 구체적인 내용을 종합해 보면 씨족 사회의 경제 발전에서 수렵과 목축업 경제로 넘어가는 발전 양상, 단순한 자연물의 채취에서 농업 생산으로 대체되어가는 양상, 도기와 청동기, 철기 등이 발달해 간 과정을 볼 수 있다. 뿐만 아니라 제지와 방직 기술의 발달, 제혁·양조·염색·주거(舟車) 제조 및 토목건축 등의 수공업 생산에 관한 글자와 내용도 풍부하다. 『설문해자』의 내용으로 미루어 볼 때, 고대 중국의 생산 방식은 고도로 발달해 있었음을 알 수 있다. 『설문·5하1』의 '匋' 字에서 "匋는 도자기를 만드는 것이다. 형부는 缶이고 성부는 包의 생략된 형태이다. 옛날에 곤오(昆吾)가 도자기를 만들었다. (匋, 作瓦器也. 從缶, 包省聲. 古者昆吾作匋.)"라고 하여 도자기에 관해 설명하고 있으며, 『설문·7하2』의 '麻'字에서 "㡭라는 삼 열매이다. 㡗과 广으로 이루어져 있다. 㡗은 사람이

한자의 이해

삼을 가공하는 것으로, 집 아래에서 한다.(麻, 枲也. 從枾從广. 枾, 人所治也. 在屋下.)라고 하여 방직을 설명하고 있다.

또한 중국은 일찍부터 농업 생산이 발달했기 때문에 농사와 관련하여 절기의 관찰, 별자리의 관측, 토지의 측량 및 수학 물리 등의 방면에 대한 경험과 지식이 축적되어 있었고, 이러한 과학 기술의 발달은 『설문해자』의 자의 풀이 속에 반영되어 있다. 예를 들어 『설문·상18』의 '閏'字에서 "閏은 '여분의 달'이란 뜻으로 5년이면 다시 윤달이 된다.(閏, 餘分之月, 五歲再閏)"라고 하여 윤달을 설명하고 있다.

한편 『설문해자』에는 신체기관, 병의 증세, 약초, 침구 등과 관계있는 글자가 많이 수록되어 있어서 이를 통해 고대 의술의 명사 술어 및 그 의미를 이해할 수 있고, 고대 의학의 기원과 발전 상황을 이해하는 데에도 도움이 된다. 예를 들어 『설문·4하21』의 '肓(명치끝 황)'字에서 "肓은 심장 아랫부분, 횡격막 윗부분에 있다.(肓, 心下鬲上也.)"라고 하여 신체 부위를 설명하고 있으며, 『설문·7하28』의 '瘍'字의 경우 "瘍는 눈병이다. 일설에는 나쁜 기운이 몸에 붙는 것이라고도 하며, 또는 약물로 상처의 썩은 살을 제거한다는 뜻이라고도 한다. (瘍, 目病. 一曰惡氣着身也. 一曰蝕創)"라고 하여 병의 증세를 설명하고 있다.

또한 『설문해자』에 수록된 글자 중에는 씨족 사회로부터 시작하여 노예제 사회로 이행해 가는 과정 및 제사와 같은 종교의식과 가족제도 등 고대 중국의 사회제도 전반을 반영하는 글자들이 있다. 따라서 이런 자료를 갑골문 등의 고문자 자료와 인증하면 당시 사회를 고증할 수 있다. 예를 들어 『설문·7상50』의 '租'字의 경우 "租는 밭에 부과하는 세금이다.(租, 田賦也.)"라 하여 노예제 사회의 조세제도를 보여 주고 있으며, 『설문·1상10』의 '祠(봄 제사 사)'字의 경우 "봄 제사를 祠라고 한다.……음력 2월에 祠 제사를 지낼 때에는 희생물을 사용하지 않고 규벽(圭璧)과 가죽과 비단을 사용한다.(春祭曰祠.……仲春之月, 祠不用犧牲, 用圭璧皮幣.)"라 하여 당시 제사에 관해 설명하고 있다.

한자의 이해

9. 한자 이전의 의사전달

한자가 만들어진 것은 아주 오래 전의 일이지만, 인류의 역사에 비하면 그리 오래되었다고는 볼 수 없다. 사람들이 살면서 자기의 의사를 전달하고 남의 의견을 받아들일 필요가 있는데, 글자가 없던 시절에는 그것의 한계가 분명했었다.

그렇다고 글자가 없어서 서로의 의사소통이 불가능한 것은 아니고 나름대로의 여러 가지 방법을 통해서 그것을 가능하게 하고 있다. 이러한 것은 지금도 글자가 없는 지역의 사람들도 별다른 불편을 못 느끼면서 살아가는 것에서도 알 수 있다. 다만 보다 원활한 의사소통이 불가능해 다른 지역보다 문명이 덜 발달되었을 뿐이다.

1. 암각화(岩刻畵)

현재 남아있는 가장 원시적인 형태의 의사표현은 바위 위에 그려진 암각화들이다. 그림을 보면 그것을 그린 사람이 나타내고자 하는 뜻을 알 수 있는 것들이 많이 있는데, 이러한 암각화들은 주로 신석기 후반기와 청동기 시대에 많이 사용되었다고 한다. 내몽고, 중국 등에 분포되어 있으며, 우리나라에도 경북 울진의 유명한 반구대 암각화와, 근처 천전리(川前里) 암각화가 있어서 당시 생활의 일부를 엿볼 수 있다.

2. 결승(結繩)과 서계(書契)

중국에서는 한자가 없던 시절에 어떻게 서로의 의견을 교환하면서 지냈을까? 이에 대해서는 정확한 자료가 없어 명확하게 안다는 것은 매우 곤란하다. 다만 예전의 기록을 통해 한자가 있기 전에 어떤 방식으로 자기들끼리 의견교환을 했는지를 대략이나마 추측할 뿐이다.

현재 보이는 기록으로는 결승과 서계를 이용한 것이 가장 편리한 방식이다.

1) 결승

결승이란 새끼줄에 매듭을 묶는 것인데, 서로 미리 약속된 방식으로 새끼줄을 묶어서 그 모양에 따라 자기들의 의견을 교환하는 방법이다. 즉 어떤 사건이 있을 때, 그 일이 큰 것이면 매듭을 큰 것으로 하고, 작은 것이면 작은 매듭으로 하며, 또한 사물이 많을 때는 여러 번 묶고, 적을 때는 적게 묶어 그 의미를 표시하는 것이다. 『주역·계사전』, 『장자』, 『노자』, 『설문·서』에 결승이란 말이 보이나, 이것이 복희씨 시대에 사용되었다고 하는데, 복희씨는 아직까지 전설상의 인물로 묘사되고 있으며, 역사적으로 복희씨가 살던 시기가 정확하게 언제인지를 알 수가 없어 지금으로는 그 시기를 점치기가 어렵다. 또 그 방식을 사용한 그림이나 유물이 남아있지 않아 정확한 방법도 자세히 알 수가 없다.

그러나 이 방법은, 중국이 아닌 다른 나라에서 사용됐던 결승의 예를 보면 그 효용성이 매우 높았다는 것을 알 수 있다. 예컨대 숫자를 대신했던 것으로서, 역사가인 헤로도투스(Herodotus)에 의하면, 페르시아 왕 다리우스 (Darius)가 이오니아인(Ionians) 병사들에게 명하여 이스터(Ister)의 부교(浮橋)를 넘어가 가죽 띠 60매듭을 묶은 후 시시안족(Scythians)들과 싸우도록 하고, 전쟁이 발생한 날로부터 하루에 한 매듭씩 풀어 나가도록 하였다고 한다. 또 1532년에 피사로가 발견한 잉카제국도 퀴푸(Quipu)라는 매듭문자를 사용했다. 퀴푸는 매듭지어진 끈으로, 매듭의 형태와 수(1~9), 각 매듭의 위치 (십진법에 의한 위치값), 끈의 색깔과 가닥 수, 중심 줄에 이어진 끈의 위치 등을 달리하면서 인구조사와 납세 등의 수량을 표기했던 것이다. 또한 퀴푸 카마요크(Quipu-camayoc)란 전문 해독관이 끈을 읽고 해석하며, 퀴푸를 옮기는 전령에게 구두로 소식을 전하기도 했다. 퀴푸는 수의 기록뿐 아니라 설화시, 계보, 제사시의 암송을 위한 기억 보조 장치 구실도 했다고 한다.

매듭은 메이지 중기까지 일보의 오키나와 지방에서 사용되었던 '볏짚 계산'이라는 수량표기법과, 천 매듭을 이용한 티벳과 유럽 지역의 기록방법에서도 찾아볼 수 있다.

그리고 새끼 매듭은 아니지만, 비슷한 방식의 의사전달 수단으로 북아메리카 이로쿼이(Iroquois)족의 조개 구슬띠(wampum belt)를 들 수 있다. 이것은 축제나 제의 때 화폐나 장식으로 사용되기도 했는데, 베틀에서 직물을 짜는 것과 유사하게 조개껍질을 염주처럼 엮고, 이것을 여러 가닥으로 펼

친 뒤에, 염주를 엮은 형태나 조개껍질 색깔에 따라 각종 의미와 약속을 표시했다고 한다. 예를 들면 어두운 색은 엄숙과 장엄, 위엄, 적의, 슬픔과 죽음을 뜻하며, 흰색은 행복을, 붉은색은 싸움을 나타낸다.

아메리카 지역의 경우, 캘리포니아의 팔로니 인디안(Paloni Indians)들이 사용했던 새끼줄도 역시 페루 사람들과 비슷하다. 그들은 매년 대표자를 뽑아 상가브리엘(San Gabriel)에 보내 융으로 만든 담요를 팔게 했는데, 물건의 주인은 각기 머리카락이나 양털로 만든 끈 두 가닥을 대표자인 판매 대리인에게 주어, 하나로는 물건 밧을 표시하고, 다른 하나로는 담요 숫자를 표시한 후, 판매 대리인이 돌아오면 물건 주인은 각기 그가 떠날 때 준 끈을 보고 총판매 가격이 얼마였는지를 알 수 있었다.

이밖에 서아프리카의 아르브라(Arbrah), 제부스(Jebus), 하와이안(Hawaian) 토인들도 모두 결승을 사용했다고 한다.

2) 서계

중국인들이 사용한 또 한 가지 방법은 서계이다. 서계의 기록이 『관자』, 『묵자』, 『열자』 등의 고문에 보이는데, 서계란 부절(符節)이라고도 불리는 것으로서 물체에 무늬를 새기거나 획을 그어 나타내는 방법으로, 서(書)는 '쓰다'의 의미이고 계(契)는 '새기다'라는 의미이다. 하나의 나무토막 위에 두 사람 간 약속 사항의 내용을 자기들이 서로 알 수 있는 부호나 표시로 쓰거나 새긴 후 이를 둘로 나눠 하나씩 가지고 있다가, 나중에 그 약속사항을 이행할 때 각각을 서로 맞추어 봄으로써 원래 약속했던 내용을 기억해 내거나 확인하는 방법을 말한다. 예를 들면, A라는 사람이 B에

한자의 이해

게 쌀 다섯 가마를 빌렸었다고 할 때, 두 사람은 나무토막 위에 쌀 다섯 가마를 의미하는 표시로써 선을 다섯 줄 그린다든가, 혹은 칼로 다섯 개의 긴 홈을 판 후 그 가운데를 잘라 하나씩 나누어 갖는다. 후에 을이 쌀을 상환하고자 할 때 서로의 막대기를 꺼내 맞추어 보고, 그것이 맞는 막대기이면 그 위에 쓰인 숫자에 따라 쌀을 상환하는 것이다. 특히 막대기를 자를 때는 위에 새겨진 부호들이 모두 관통되도록 함으로써 속이는 것을 방지했을 것이다.

위의 예는 가장 간단한 방식이다. 만약 새겨 넣는 부호를 보다 다양하게 한다면 더 복잡한 계약도 가능할 것이다. 예컨대 갑이 을에게 창 두 자루와 활 세 개를 빌려준다면, 긴 선 두 줄과 짧은 선 세 줄로 표시할 수 있다. 또 서계를 사용하는 사람들 간의 공동 약속에 의해 부호의 길이와 형태, 굵기 등에 어떤 의미들을 부여한다면 훨씬 더 복잡한 계약도 가능하다. 서계는 문자가 없는 지역에서는 매우 유용하게 사용될 수 있는 것이어서, 후대 중국 변방의 문자가 없던 지역에서 이것이 사용된 흔적이 많이 보이고 있다. 중국에는 서계를 보일 수 있는 유물이 많이 없지만, 서양의 경우는 수량을 기록, 보존할 수 있는 방식으로 부절(符節)이 있다. 부절은 막대기나 기둥에 홈을 파서 물건, 수, 사건 등의 사실을 기록한 것인데, 주로 사냥한 동물, 죽인 적, 필요한 사람이나 말의 수, 기간, 물품 수 등이다. 부절의 기능 중 가장 중요한 것은 부채를 기록하는 것으로, 막대기에 눈금을 표시한 후 세로로 자르면 채권자와 채무자 쌍방의 계약서가 되는 것이다. 그리고 이러한 방법은 문자가 있는 지역에서도 통용되는 경우가 있는데, 문자가 통용되고 있기는 하지만 문자를 해독치 못하는 사람들이 많을 때에 그 방법을 쓰는 것이다.

제2부

한자 자형의
변천

10. 자형의 변천 도문(陶文)

　　자형 변천과정의 고찰은, 시대순으로 자체를 구분하여 그 특징들을 살펴보는 것이 가장 편리하다. 왜냐면 한자는 세월의 흐름에 따라 자체가 조금씩 변해왔을 뿐만 아니라, 그 특징들도 명확하게 구별되고 있기 때문이다. 한자는 시기에 따라 고문자와 근고문자, 근대문자로 구별할 수 있는데, 일반적으로 말하는 갑골문과 양주(兩周)의 금문·주문·육국계고문 등은 고문자에 속하고, 소전은 근고문자에, 그리고 예서 이후의 문자들은 근대문자에 속한다고 볼 수 있다.

　　그러나 이러한 방법도 완전한 것이 못된다. 왜냐면 동시대의 한자임에도 불구하고 지역적으로 동서에 차이에 따라 자형이 크게 차이가 나는 것들도 있기 때문이다. 예컨대 같은 춘추시기라 할지라도 동주(東周)의 금문과 서방의 육국계고문은 자체상에 있어서 분명한 차이가 나고 있다. 그래서 당란은 시대와 지역의 특성을 살려 고문자를 은상계문자(殷商系文字)와 양주계문자(兩周系文字)·육국계문자(六國系文字)·진계문자(秦系文字)로 나누고 있다. 고문자의 경우만을 대상으로 한다면 위와 같은 역대 왕조별 분류는 훌륭하다고 볼 수 있다. 그러나 그 후의 한자체인 예서나 해서 등까지 포함하지 않고 있기 때문에, 위의 분류로 한자 전체의 변천 과정을 논하기에는 부족하다. 그래서 여기서는 일반적인 분류에서 사용하는 명칭을 시대순으로 배열하되, 문자로 사료되는 도문을 추가하여 각 자체들의 특징과 변천과정을 살펴보기로 한다.

1. 도문

『상서(尚書)·다사편(多士篇)』에 주공(周公)이 상을 정복한 후에 상 유민들에게 다음과 같이 말하는 구절이 나온다.

> 惟爾知, 惟殷先人有冊有典, 殷革夏命.
> 당신들도 알다시피 당신네 은나라 선조들에게 사적·전적
> 이 있었기 때문에, 은나라가 夏나라의 명을 갈 수 있었지 않소.

이 구절에 나오는 冊(卌, 卌, ▨)은 대나무 책이다. 典(卌, 卌, ▨)은 冊과 廾으로 이루어진 字이고, 簡冊은 왕명이나 책봉을 적은 문서이다.

갑골문의 冊字와 典字의 자형과 『상서』의 구절 등을 통해 보면 은대 초기에 이미 부명(符命)을 적을 수 있는 완정한 문자체계가 존재하고 있다고 추정된다. 기원전 17세기 전후 하상 시기에 이미 이렇듯 완전한 문자체계가 이루어져 있었다는 사실은 문자의 기원을 훨씬 이전의 시기로 끌어올릴 수 있다는 가능성을 나타내기도 한다.

최근 몇 십년간의 고고학 발굴 작업결과 商 이전시기 및 商代의 것으로 추정되는 여러 가지 부호가 새겨진 도기 파편들을 여러 지역에서 발굴

하였다. 이들은 갑골문보다 훨씬 이른 시기의 산물이며, 지금까지 출토된 고고학자료 중 가장 이른 도기새김기호 자료이다.

1930년대 이후 고고 발굴 작업에서 도기에 새겨진 문자로 볼 수 있는 기호들이 발견되면서 그 추정은 사실로 받아들여지게 되었다. 도기기호들이 발견된 지역을 방사성탄소측정연대순으로 나열하면, 陝西 西安 半坡, 臨潼縣 姜寨, 山東 泰安縣 大汶口, 諸城縣 前寨, 山東 章丘縣 城子崖, 河南 偃師 二里頭, 鄭州 二里岡, 河北 藁城 台西, 河南 安陽 小屯, 그리고 長江 以南地域으로 江西 淸江縣 吳城 등이다. 이 지역들에서 출토된 도기들은 방사성탄소측정에 의하여 신석기 중기부터 商중기에 걸친 시기의 유물로 추정한다. 위의 몇 가지를 살펴보기로 한다.

1) 앙소문화(仰韶文化)-반파(半坡)

산서성(山西省) 서안(西安) 근교에 있는 마을 반파에서 중국과학원이 1954년 가을에서 1957년 여름사이에 발굴한 도기조각들 중 113조각에 기호가 새겨져 있었다. 이 반파도문은 도문 가운데에서 가장 오래된 도문이다. 이 중에서 공통적인 형태의 기호를 빼면 모두 22가지 기호가 된다. 이 기호는 모두 기본적으로 대접 입구 바깥 가장자리에 새겨져 있다.

탄소측정결과 B.C. 4000년경으로 추정되며 고고학적으로는 앙소문화에 속하는 유적지이다. 이 반파 도기기호에 대하여 고문자학자들은 원시한자로 보는 설과 원시한자가 아니라는 설로 의견이 일치하지 않는다.

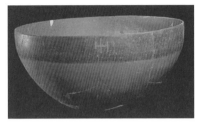
도기(陶器)에 부호가 새겨져 있다.

반파(半坡)에서 발견된 22종의 도문(陶文)

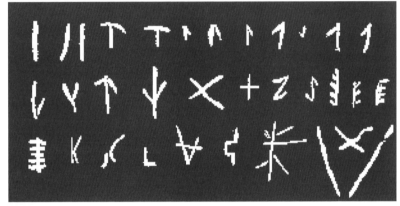
앙소문화 반파 도문

2) 대문구문화(大汶口文化)-대문구(大汶口), 능양하(陵陽河), 전채(前寨)

　　1959년 여름 산동성 태안현(泰安縣) 대문구에서 붉은 염료로 기호가 그려진 도기가 발굴 되었다. 뒤이어 1960년에 이 大汶口 유적지 남동쪽 160km 지점에 있는 능양하에서 도기에 새겨진 기호 4개가 발견되었고, 1973년 大汶口 유적지에서 동쪽 200km지점의 제성현(諸城縣) 전채(前寨)에서 발굴된 도기파편이 발굴되었는데. 이것은 갑골문이나 금문의 자형과 매우 흡사하며, 도화적인 요소가 강해 이것이 의미하는 바를 비교적 쉽게 추측할 수 있다.

　　　　　　　　　　　　　　　　　　　　　　한자의 이해

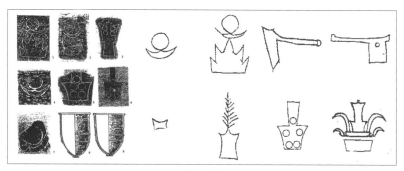

대문구 도문

3) 이리두(二里頭) 도문(陶文)

하남성 동북지방에 있는 언사(偃師) 근교의 이리두유적지는 1959년 봄부터 발굴되기 시작하였다. 지층이 4층으로 나뉘는데, 1·2층은 신석기 시대 하남용산문화(河南龍山文化)(B.C 2300~1800)에서 발전한 것으로 추정되며, 3·4층은 商초기에 속하는 것으로 보인다. 이 유적지의 연대는 대개 B.C. 1900~B.C. 1600년으로 상한선은 하남용산문화보다 늦으며 하한선은 정주(鄭州) 이이강의 商문화보다 이르다.

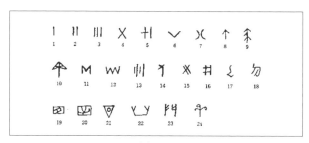

이리두 도문

이중 숫자로 보이는 기호는 7개로 1번, 2번, 3번, 4번, 5번, 7번, 13번은 각각 一(十), 二(卄), 三(卅), 五, 七十, 八, 四로 추정된다. 또한 상형자로 보이는 기호는 4개로, 16번은 井字로 보이는데, 갑골문은 井, 井이다. 14번은 又(手)자로 보이며, 갑골문은 ㄨ, ㄨ 등이다. 19번은 俎字로 보이는데 갑골문에서는 俎, 俎로 나타난다. 20번은 死字로 보인다. 갑골문 囚, 囚는 학자에 따라서 각각 囚자와 囚자로 보며 감옥에 갇힌 모양을 나타낸다. 이 밖의 기호들은 아직 알 수 없는 미지기호들이다. 고고학자들은 이리두유적지가 바로 商왕조의 창시자 탕왕(湯王)이 도읍을 정한 곳일 가능성이 크다고 가정하고 있다. 70년에 이 유적지에서 왕궁터 등을 발굴하였기 때문에 이러한 가정에 신빙성을 더하고 있다.

도문은 현존 최고(最古)의 한자로서, 도화에서 발전된 것이라고 추정된다. 도문에 관하여 문자냐, 아니냐는 의론이 분분하지만 발견된 것들을 분석하면 한자의 체계를 갖춘 가장 오래된 문자인 갑골문 자형과도 비슷한 것이 있는 등 문자라고 할 수 있는 가능성이 충분히 있다. 그러나 아직은 초기의 한자 단계이기 때문에, 小屯 도문의 '祀'字를 제외하면 형성문자같이 고도로 발전된 한자는 전혀 보이지 않는다. 또 자형에 있어서도 고대로 거슬러 올라갈수록 매우 단순한 형태의 글자들이 대부분이고, 후대로 내려오면서 복잡한 형태의 글자들이 출현하는데, 이는 사회생활에 필요한 의미의 숫자도 그리 많지 않았을 뿐만 아니라, 글자를 새겨 넣은 도구가 발달되지 않았기 때문인 듯하다. 그래서 현재까지 발견된 도문의 종류는 총 227種에 불과한데, 그렇다고 이 숫자가 당시의 모든 문자의 수효를 지칭하는 것은 아니다.

도문의 특징은, 자형상으로는 갑골문과 같은 시기로 추정되는 소둔(小屯) 도문을 제외하고는 모두가 필획이 매우 간단하고, 또 도기에 쓰여 있었던 관계로 인해 필선이 약간 굵은 경향을 띠고 있는 점이다. 또 의미상으로는 해독이 가능한 글자만을 대상으로 할 때, 명칭이나 숫자, 혹은 위치를 의미하는 글자들이 절대 다수를 차지하고 있으며, 구조상으로 본다면, 초기에는 사물의 모양을 그려 만든 상형자 계통과, 숫자나 위치 등을 나타내는 지사 계통의 표의문자가 대부분이다. 비록 후대로 내려오면서 합문이나 회의 등의 표의문자가 서서히 출현되고 있으나, 그 비율은 매우 낮다.

11. 자형의 변천 갑골문(甲骨文)

갑골문은 체계를 갖춘 현존하는 최고의 중국문자로, 대부분 거북의 배껍질(龜甲)과 짐승의 뼈(주로 소의 肩胛骨)에 지금으로부터 약 3,000여 년 전인 은대 반경(盤庚)이 은(殷)으로 도읍을 옮긴 이후부터 상대 마지막 왕인 제신(帝辛) 주왕(紂王)에 이르기까지 8代 12王 약 273년간(B.C 14C ~ B.C 11C)의 商왕실의 점복 내용을 기록한 것이다. 현재까지 발견된 갑골문은 숫자도 적지 않을 뿐만 아니라 구조상에 있어서도 초기의 한자 단계에서 이미 벗어나 있었으므로, 우리가 고대 한자를 연구할 때 金文과 함께 이를 가장 많이 참고하고 있다.

1. 갑골문의 명칭

갑골문자는 거북이의 배나 등, 그리고 짐승의 뼈에 칼로 새겨서 써놓은 글자이다. 옛날 사람들은 어떤 사안을 놓고 이에 대한 확실한 결정을 내리지 못할 때 그들이 질문하고자 하는 사안을 신에게 물어보기 위해 그 내

한자의 이해

용을 짐승의 뼈 위에 써놓고 그 길흉을 판단하였는데, 바로 여기에 사용한 문자가 바로 갑골문자이다.

물론 갑골문의 내용을 살펴보면 점을 치는 내용이 아닌 것도 있지만 대부분이 점을 치는 내용이었으므로 갑골문을 '정복문자(貞卜文字)', 혹은 '복사(卜辭)'라고 불렀다. 그리고 이 갑골문이 발견된 위치가 殷代의 도읍이었으므로 이를 '은허문자(殷墟文字)'라고도 하며, 은허에서 발견된 문자이지만 그 글자를 쓰는 방식이 칼로 새기는 것이 대부분이었으므로 '은허서계(殷墟書契)', 은대에 사용되었으며 아울러 점을 치는 내용이 대부분이었으므로 '은허정복문자(殷墟貞卜文字)', 혹은 은허서계를 줄여서 그냥 '은계(殷契)', 혹은 '은허복사(殷墟卜辭)'라고 불렀다. 그리고 지금 우리가 사용하고 있는 갑골문자나 갑골문이라는 명칭은 이 글자가 새겨진 재료가 귀갑(龜甲)과 수골(獸骨)이므로 이를 줄여서 붙인 명칭으로 1921년 육무덕(陸懋德)이 최초로 '갑골문'이라는 명칭을 사용한 이래 용경(容庚)이나 왕국유(王國維), 동작빈(董作賓), 곽말약(郭沫若)과 같은 갑골문 연구의 대가들이 이 용어를 사용함으로써 보편화되어, 현재는 갑골문이라는 용어가 가장 일반적으로 사용되고 있다.

갑골문의 내용은 거의 대부분이 점을 치는 것이었으며, 문자의 기록 방식은 구리칼 같은 예리한 도구로서 갑골 위에 각화하는 것이 절대 다수를 차지하고 있지만 붓으로 주서한 것도 없지는 않다. 그런데 여기서 주서한 것이 존재한다는 것으로 보아 이미 당시에 붓이 사용되었음을 알 수 있는데, 이러한 사실은 갑골문보다 훨씬 오래 전인 대문구 도문도 주서되었다는 사실에 비추어보면 그리 놀라운 것은 못된다.

2. 갑골문의 발견

갑골문은 1899년(淸 光緒 25년)에 지금의 하남성 안양시 소둔촌에서 발견된 것으로 알려져 있다. 그리고 문헌에 이 지역이 은대의 도읍이었다고 기록되었기 때문에 갑골문은 은대의 문자라 판명되었고, 또 한편으로 이곳이 은대의 도읍이라는 기록만 있었을 뿐, 갑골문의 발견 전까지는 이를 입증할만한 어떠한 유물도 발견되지 않았으나, 여기서 갑골문이 발견되고, 갑골문에 기록된 내용들을 통하여 이곳이 은대의 도읍이었음이 증명되기도 하였다.

갑골문은 왕의영(王懿榮)에 의해 처음으로 발견되었다. 3천여 년 간 땅속에 파묻혀있던 상대 갑골문이 발견된 과정에 대하여 다음과 같은 재미있는 일화가 전해진다.

당시 북경에서 國子鑑祭酒였던 왕의영(王懿榮)이 병이 나서, 선무문(宣武門) 밖의 시장입구에 있는 달인당(達仁堂)이라는 약방에서 약을 사가지고 왔는데, 그가 용골(龍骨)이라는 약첩을 살펴보니 용골 뼛조각에 무언가가 새겨진 것이 있었다. 그는 본래 금석학자이었기 때문에 금석문에 정통하였는데, 그 약재 위에 새겨진 것이 글자이고, 또 그것들은 매우 오래 된 것임을 알아 약방에 가서 글자가 새겨진 것들을 추가로 구입하여 자세히 살핀 후, 이것이 고대의 문자임에 틀림이 없다고 여겼다. 그래서 산동성 유현(濰縣)의 골동품상인 범유경(范維卿)으로 하여금 이를 수집케 했는데 이때가 1899년이었다. 즉 갑골문은 그 이전부터 세상에 나왔었지만 이것이 글자로 판명된 시기가 이 때이므로, 이 해를 갑골문의 발견시기로 보고 있다.

위 일화로 미루어보아 상대 갑골문이라는 사실이 밝혀지기 전부터 갑골편들은 민간에서 용골약재로 둔갑하여 오랜 시기 훼손되어왔음을 알 수 있다. 또한 중간 골동품상들은 갑골이 어디에서 출토되었는지 알고 있었지만 자신들의 이익을 위하여 출토지역을 하남의 탕음현(湯陰縣) 고유리(古牖里)에서 출토되었다며 많은 사람들을 속였다. 후에 나진옥(羅振玉)에 의해서 탕음이 아닌 안양현 소둔촌이라는 정확한 갑골 출토지가 알려지게 되었다.

3. 갑골문의 시기

갑골문은 상왕의 점복기록으로 상대 후기에 반경이 은으로 도읍을 옮긴 이래로 상왕조의 마지막 왕 帝辛, 즉 주왕까지 12왕 273년간 상 왕실에서 행하여진 점복 기록이다.

갑골문의 시기는 상대 말기 은 왕조시기 12왕 273년간으로 보지만, 실제로는 앞의 세 왕 반경(盤庚)·소신(小辛)·小乙(小乙) 시대의 갑골문은 아직 발굴되지 않았으며, 네 번째 왕 무정(武丁) 시기에 속하는 갑골문이 가장 이르며 또 가장 많고, 주왕(紂王)이라 불리는 마지막 왕 제신(帝辛) 시기의 갑골문도 거의 나타나지 않는다.

4. 갑골문의 연구과정

갑골문 연구 시기는 크게 세 시기로 구분해 볼 수 있다. 제 1기는 갑골문이 중국의 고문자 자료라는 것이 확인되어 개인별로 수집, 연구되었던

1899년부터 1927년까지이고, 제 2기는 중앙연구원이 설립되어 대규모의 은허 발굴 조사단이 구성되면서 과학적인 발굴이 이루어졌던 1928년부터 1949년까지이며, 제 3기는 해방 이후인 1950년부터 지금까지로 은허 이외 지역에서 발굴된 상대의 갑골은 물론이고 西周 시대의 갑골에 대해 새롭게 연구되는 한편, 갑골문 연구 내용과 방법이 다양화되고 있고 있다. 구체적으로 어떠한 성과가 있었는지 각 시기별로 살펴보면 다음과 같다.

1) 제 1기 (1899년-1927년)

갑골문이 중국의 고문자라는 것을 인식하고 개인에 의해 본격적으로 수집되기 시작한 것은 1899년, 왕의영에 의해서였다. 그러나 왕의영은 갑골문에 대해 연구한 저술 없이 사망하였고, 왕의영이 수집했던 갑골의 대부분은 1902년 유악(劉鶚)의 손으로 넘어가게 된다. 유악은 왕의영이 소장했던 갑골과 자신이 별도로 수집한 갑골 총 5,000여 편 중에서 1,058편을 선별, 탁본하여 1903년 『철운장귀(鐵雲藏龜)』를 출판하였는데 이것이 바로 최초의 갑골문 수록집이다. 『철운장귀』는 1931년에 상해에서 『철운장귀지여(鐵雲藏龜之餘)』와 합본하여 6책으로 다시 만들어졌으며, 다시 만들어진 책에는 포정(鮑鼎)의 해석문도 같이 수록되어 있다.

그러나 이러한 저록서들은 갑골문을 그대로 모사한 것에 불과하고, 그 글자들이 지금의 어떠한 문자에 해당하며, 그 뜻은 무엇인지를 밝히지는 못하고 있다. 본격적으로 갑골문의 자구를 고석하기 시작한 것은 1904년에 손이양(孫詒讓)이 지은 『계문거례(契文擧例)』부터이다. 이 책은 1913년, 왕국유에 의해 상해에서 출판되었는데 그는 갑골문을 한 글자씩 고석한

후에 이들의 내용에 따라 일천(日天), 정복(貞卜), 복사(卜辭), 귀신(鬼神), 복인
(卜人), 관씨(官氏), 방국(方國), 전례(典禮), 문자(文字), 잡례(雜例) 이 10가지 세
목으로 분류하였다. 그는 여기서 문자를 대략이나마 판별하고, 복법과 상
대의 예법은 물론 관제, 도읍의 위치 등에 대해 연구하고, 총 185개의 글자
를 고석 하는 등 갑골문 연구의 시작이 되었다는 의의를 가지고 있기는 하
지만, 근거 자료로 한 것이 『철운장귀』 하나였고 게다가 『설문해자』의 글
자 해석에 지나치게 얽매였던 탓에 억측이 많다는 단점을 지니고 있다.

　　본격적인 갑골문 연구는 1910년 이후에 와서 나진옥으로부터 시작되
게 된다. 그는 초기에는 연구만하고 저술활동이 없었는데, 당시에 일본에
서 갑골문을 연구하던 임태보(林泰輔)가 갑골문에 관한 여러 가지의 의문점
을 질문해오자 이에 답변하는 차원에서 저술한 것이 1910년에 출판된 『은
상정복문자고(殷商貞卜文字考)』이다. 여기서 그는 갑골문의 고석 방법을 설
명하고 230개의 문자를 고석해냈으며 지금까지 탕음으로 알려져 있던 은
허의 위치를 안양현 소둔촌이라고 밝히고, 은허에서 나온 갑골이 상대 말
기의 무을(武乙), 문정(文丁), 제을(帝乙)의 三王 시기의 것이라고 밝혀 최초
로 갑골의 구체적 시대를 고증해냈다. 또 이 책은 고사(考史), 정명(正名), 복
법(卜法), 여설(餘說)로 이루어져 있으며, 내용이 매우 간략하고, 체제 또한
간단하다. 1910년, 그는 또 그동안 자신이 수집한 갑골을 탁본하여 『은허
서계전편(殷墟書契前編)』 20권을 출판했다가 1912년, 이것을 다시 8권으로
펴냈고 1916년에는 『은허서계후편(殷墟書契後編)』 2권을 펴내는 등 甲骨文
의 자료 수집 및 보급에 많은 공헌을 했다.

　　1914년에는 『은허서계고석(殷墟書契考釋)』을 출판했는데, 이 책은 『은
상정복문자고(殷商貞卜文字考)』에 대한 증보, 개작이라 할 수 있으며 여기에
서 나진옥은 형체가 불규칙한 갑골 문자의 연구를 위해 "『설문해자』에서

부터 金文으로 거슬러 올라가, 금문에서 복사를 살펴야 한다."고 주장하는 등 문자 고석의 방법을 제시하였다.

이어 왕국유가 1917년, 「갑골문중소견선공선왕고(甲骨文中所見先公先王考)」에서 갑골 문자의 고석을 통해 『사기·은본기』에서 기록하고 있는 상대 왕조의 세차(世次)의 일부가 잘못되었음을 밝히고 그 착오를 교정했는데, 이로부터 갑골문 자료는 商代 역사 연구의 중요한 고증자료로 인식되게 된다. 갑골문과 같은 고고학적 자료의 연구를 통해 『사기』 등의 고문헌의 내용을 증명하고 착오를 교정해냄으로써 고대 역사의 진정한 면모를 파악하는 소위 "이중증거법(二重證據法)"을 왕국유가 제창함으로써 갑골문 연구가 더욱 과학적이고 체계적인 학문으로 발전되는 기초가 마련되었다고 할 수 있다. 그는 또 『전수당소장은허문자(戩壽堂所藏殷虛文字)』 등을 저술하기도 하였다.

제 1기의 갑골문 연구 상황을 정리하자면 개인에 의해 갑골문이 수집, 연구되면서 갑골문 자료가 상대 역사 연구의 중요한 고증자료로 인식되어 중국 고문자학계에 새로운 발전을 가져다 준 시기라고 할 수 있을 것이다.

2) 제 2기 (1928년-1949년)

이 시기는 국가의 주도로 갑골이 체계적, 과학적으로 발굴됨으로써 갑골문 연구가 종합적으로 연구, 발전된 시기로, 뛰어난 업적을 남긴 학자로는 역사학적 각도에서 갑골문을 연구한 곽말약과 동작빈 및 문자학적인 관점에서 갑골문을 연구한 당란을 들 수 있다.

우선 곽말약은 1929년부터 갑골 각사에 대한 연구를 시작하여 1930년에『중국고대사회연구(中國古代社會硏究)』, 1931년에『갑골문자연구(甲骨文字硏究)』, 1933년에『은허복사통찬(殷墟卜辭通纂)』, 1937년에『은계수편(殷契粹編)』 등을 저술했는데, 그는 "인류 사회의 발전은 경제의 발전을 전제로 하며, 인류 경제의 발전은 도구의 발전을 전제로 한다"는 역사 유물주의 사관에 입각하여 갑골문을 주요 사료로 삼아 상대 사회를 연구하여 많은 성과를 남겼다.

동작빈은 1928년부터 1937년까지의 10년간 중앙연구원 역사어언연구소 주도로 15차례에 걸쳐 대규모의 은허 발굴 작업이 있었을 때 1928년부터 1934년까지 총 8차례에 걸쳐 이 발굴 작업에 참여하였던 사람으로, 특히 갑골문의 시기 구분(斷代) 연구에서 많은 성과를 남겼다. 그는 1928년 제 1차 발굴 작업을 주관하면서 서로 다른 세 곳의 구덩이에서 출토된 갑골문자의 자형이나 서체가 동일한 구덩이에서 나온 것들끼리 한 조를 이루면서 각기 다른 특색을 보인다는 사실을 깨닫고는 이것을 통해 시기 구분의 기준이 되는 큰 단서를 얻게 되었다. 또한 1929년 제 3차 발굴에서 출토된 대귀사판(大龜四版)에 새겨진 복사를 통해 "○○卜○貞"의 형식에서 '卜'字와 '貞'字 사이의 글자가 정인(貞人)의 이름이라는 것을 밝혀내어, 그것이 지명이나 직관일 수 있다고 보았던 종래의 설들을 불식시키는 한편, 같은 귀갑에 보이는 정인들은 동시대에 활동했던 정인들이므로 정인이 시대 추정의 중요 단서가 될 수 있음을 밝혔다. 이 대귀사판을 연구한 1931년의「대귀사판고석(大龜四版考釋)」에서 그는 시기 구분의 근거가 되는 8가지 항목을 제시했다가 이를 수정 보완하여 1933년「갑골문단대연구례(甲骨文斷代硏究例)」에서 시기 구분의 근거로 10가지 항목[十項標準]을 제시하고 이를 근거로 甲骨文의 시기를 총 5기로 분류하였다. 그 갑골문 시기구분의 잣대로 열 가지 기준은 아래와 같다.

① 世系 (商왕조의 황실 世系)

② 稱謂 (제사 지낼 때 先王의 칭호)

③ 貞人 (왕 대신 점을 묻고 기록하는 관리)

④ 坑位 (甲骨文의 발굴지점, 구덩이의 위치)

⑤ 方國 (商왕조 주변의 소국들)

⑥ 人物 (관리의 이름)

⑦ 事類 (점복 내용의 종류)

⑧ 文法 (文例, 특수 용어 등의 차이)

⑨ 자형 (글자체의 변화)

⑩ 書體 (서체의 변화)

이상 10개의 항목 중에서 앞의 4가지 항목은 "직접표준"이며 뒤의 6가지 항목은 "간접표준"인데, 갑골복사가 앞의 4가지에 해당하는 항목이 없을 경우에는 이 6가지 "간접표준"을 적용시킨다.

이렇게 "십항표준(十項標準)"에 의거하여 동작빈은 아래와 같이 갑골문의 시기를 5기로 나누었다.

第一期 : 반경(盤庚)·소신(小辛)·소을(小乙)·무정(武丁)

第二期 : 조경(祖庚)·조갑(祖甲)

第三期 : 늠신(廩辛)·강정(康丁)

第四期 : 무을(武乙)·문무정(文武丁)

第五期 : 제을(帝乙)·제신(帝辛)

위의 기준은 비록 후대 학자들에 의해 이의가 제기되고 약간의 수정을 가하려는 시도가 있기도 했으나 동작빈의 시기 구분의 기본 원칙은 여

한자의 이해

전히 받아들여지고 있다고 할 수 있으며 이로부터 갑골학 연구의 신기원이 시작되었다고 평가된다.

그런데 공교롭게도 그 때까지 연구업적이 매우 많았던 나진옥의 호는 설당(雪堂), 왕국유의 호는 관당(觀堂), 곽말약의 호는 정당(鼎堂), 동작빈의 호는 언당(彦堂)으로 모두 끝에 堂字가 들어가므로 이들을 갑골문 연구의 四堂이라 부르고 있다.

당란은 1935년의 『고문자학도론』, 1934년의 북경대 강의 노트인 『은허문자기』, 1949년의 『중국문자학』 등을 저술했는데, 특히 고문자 자형 연구의 방법을 정립하고, 갑골문 중 어려운 글자들을 많이 해독해냈으며, 이러한 연구 성과를 근거로 종래의 육서설 대신 삼서설을 제시하는 등 고문자학 발전에 많은 영향을 끼쳤다.

또 손해파는 1934년에 갑골문을 字典의 형태로 모아 정리한 『갑골문편』을 편찬했는데 여기에 수록된 글자 중 그가 해독이 가능한 글자로 정리한 것은 1,006자이고, 해독이 불가능한 나머지는 부록으로 남겨놓아 후대인의 고석을 기대하였다.

3) 제 3기 (1950년-현재)

해방 이후에는 은허 이외의 지역에서 갑골이 발견되기도 하고 서주 시대의 갑골이 발견되기도 하는 등 새로운 유물들이 계속 출토되어 자료가 더욱 풍부해졌고, 갑골문 어법 연구도 시작되었으며, 1978년에는 학술 단체인 고문자연구회가 성립되어 전문 학술지인 『고문자연구』가 정기적으로 출판됨으로써 학술 교류가 활발해지고 전문 인력이 대량 배출되어 뛰어난 연구 성과를 거두고 있다. 특히 1983년, 중국사회과학원 산하 역사 연구소 주재로 곽말약이 주편을 맡고 호후선이 총 편집 책임을 맡아 출판한 『갑골문합집』 13권은 이전에 저록된 갑골 중 연구의 가치가 있는 갑골 41956편을 뽑아 5期에 의거하여 분류하고, 다시 각 시기별로 ① 계급과 국가, ② 사회 생산, ③ 사상 문화, ④ 기타로 나눈 후 다시 22개의 내용으로 구분하고 있는데, 이 책은 과학적인 체례와 실용적 가치를 두루 갖추고 있어서 甲骨文의 집대성적인 저작으로 손꼽히고 있다.

1950년대 이후 갑골문을 연구한 대표적인 학자로는 이효정(李孝定), 김상항(金祥恒), 진몽가(陳夢家), 호후선(胡厚宣), 엄일평(嚴一萍), 구석규(裘錫圭), 왕우신(王于信), 이학근(李學勤), 허진웅(許進雄) 등이 있는데 이 중 몇몇 학자의 성과를 살펴보면 다음과 같다.

우선 1956년에는 진몽가의 『은허복사종술』이 출판되었는데, 이 책에서 그는 전대 학자들의 연구 성과를 총결하고 자신의 연구 성과를 더하여 甲骨文 시기 구분에 있어서는 9기설을 주장했고, 갑골문을 다른 영역의 연구에 응용하여 은대 역사와 문화에 대해 많은 실마리를 제공하였다.

1975年에 출판된 이효정의 『갑골문자집석』에서는 갑골문 중 『설문해자』에 있는 글자 1,062字, 『설문해자』에 없는 글자 567字, 기타 136字 등 총 1,840字를 고석하면서 먼저 자형을 나열하고 59명의 학자들의 학설을 서술한 후 자신의 의견과 평론을 가해 결론을 내리고 있다. 인용한 자료가 방대하고 여러 학자들의 설을 종합하여 이전의 갑골문자 고석을 집대성한 저작이라고 평가된다. 또 노실선(魯實先)은 『은보규교』를 저술하여 은대의 역법을 연구하는데 온 힘을 다 기울였다.

1979年에 출판된 우성오의 『갑골문자석림』에는 1940년대 이후의 자신의 연구 성과를 모은 총 190편의 논문이 실려 있는데, 수록된 논문마다

기존의 고석에 대한 비판과 함께 수정을 가하고 있다.

1987년에 출판된 왕우신의『갑골학통론』은 상·하편으로 나뉘어 있는데, 상편에서는 기존의 연구 상황, 점복 과정, 문례, 시기 구분 문제 등을 두루 다룬 통론 부분이고, 하편에서는 1950년대 이후 새롭게 출토된 서주 시대의 갑골을 다루고 있다.

이밖에 일본 학자로 시마쿠니오(島邦男)를 들 수 있다. 시마쿠니오는 1958년에『은허복사연구』를 출판하였는데 크게 서론과 본론의 두 부분으로 나뉜다. 서론은「정인보정」,「복사상부모형자적칭위」로 구성되어 있고 본론은 총 2편 11장으로 구성되어 있는데, 본론의 제 1편에서는 殷 왕실의 제사에 관해 설명하고 있고, 제 2편에서는 은대의 사회, 은대의 봉건제도, 은대의 관료제도, 은대의 산업, 은대의 역법 등 은상대 사회에 관해 심도 깊은 논술을 하고 있다. 그는 또『은허복사종류』를 편찬하여 갑골문 각 글자들이 수록된 갑골편의 문장을 사전 형태로 일목요연하게 모아 하나의 글자가 어떻게 사용되었는지를 쉽게 파악할 수 있도록 하였다.

5. 갑골문의 제작과 점복(占卜)

점을 칠 때 주로 사용된 것은 거북의 배 껍질과 소 어깨뼈이지만, 거북의 경우 등껍질도 간혹 사용되었고, 그 밖에 소의 다리뼈나 늑골, 두개골, 사슴의 두개골이나 사슴의 뿔, 코뿔소나 호랑이 뼈도 사용되었고, 심지어는 사람의 두개골을 사용한 것도 있다. 그러나 거북의 껍질과 소의 어깨뼈가 대다수이기 때문에 보통 갑골이라 하면 귀갑과 소 어깨뼈를 가리킨다.

거북의 경우에는 우선 죽여서 내장을 빼고 껍데기만 저장했다가 복갑

(腹甲)과 배갑(背甲)을 분리하여 다듬는데, 복갑과 배갑을 분리할 때 등과 배의 연결부위인 갑교(甲橋)는 복갑쪽에 붙여 분리한다. 비교적 매끈한 복갑은 전체 모양을 그대로 유지하면서 갑교와 표면 부분을 다듬고, 표면이 울퉁불퉁한 배갑의 경우에는 일단 가운데를 분리하여 좌우 두개로 만든 후 울퉁불퉁한 부분을 깎아 다듬는 과정을 거치게 된다.

각 껍질의 바깥쪽 면을 정면이라 하고 안쪽 면을 반면이라고 하는데 반면에 대추씨 모양의 착(鑿)과 원형의 찬(鑽)을 파내어 그 파낸 홈에 불을 지져 정면에 금이 나타나게끔 한다. 착찬은 일반적으로 껍질의 가운데 선인 천리로(千里路)를 중심으로 좌우 대칭이 되게 배열하는데, 이 착찬에 약쑥을 넣고 불을 지피면 착찬은 다른 부분보다 두께가 얇으므로 먼저 열을 받아 터지게 되고, 정면에는 착의 가장 깊은 홈을 따라 수직선[兆干]이, 그리고 찬의 가장 깊은 홈을 따라 수평선[兆枝]이 나타나게 된다. 불을 지피고 난 후 점치는 사람은 균열이 생길 때까지 축도를 하며 자기들이 알고자하는 내용을 말한다. 이런 과정을 거쳐 정면에 나타나는 균열된 卜 형태의 선을 복조(卜兆)라고 하며 이 복조의 형태에 따라 길흉 여부를 판단하게 된다.

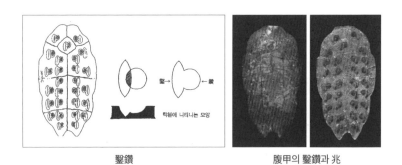

鑿鑽   腹甲의 鑿鑽과 兆

점복이 끝나면 점을 친 날과 점친 貞人의 이름(前辭), 물어본 내용(貞辭),

갈라진 금의 형태를 보고 판단한 吉凶 여부(占辭), 해당 내용이 과연 점의 내용대로 실현되었는지에 대한 내용(驗辭) 등을 갑골에 칼로 새겨 기록하게 되는데 이를 복사라 한다. 이렇게 복사는 크게 전사(前辭, 敍辭), 정사(貞辭, 命辭), 점사(占辭), 험사(驗辭)의 네 가지로 구성되어 있는데, 이 네 가지가 다 갖추어진 갑골은 많지 않아서 대부분 험사가 없고 점사나 전사까지 생략된 것도 있으며, 가장 많은 것은 전사와 정사 두 가지를 갖추고 있는 것이다.

전사의 문형은 시기별로 약간 차이가 있다. 5기설에 근거하여 분류했을 때, 제 1기와 2기의 경우에는 "○○卜, ○貞"의 형태이지만, 제 3기에는 "○○卜, ○貞"과 더불어 貞人의 이름이 생략된 "○○卜, 貞"의 형태가 있고, 제 4기에는 "○○貞"의 형태로 貞人의 이름뿐만이 아니라 점친 날짜까지도 생략하고 있으며, 제 5기에는 商王이 직접 점을 친 경우가 많았기 때문에 "○○卜, ○貞"의 형태와 더불어 "○○王卜, 貞"의 형태가 많고, 貞人의 이름 대신 점을 친 장소를 새겨 "○○卜, ○貞"의 형태도 보인다.

정사의 경우에는 묻고자 하는 내용을 기록한 것이기 때문에 고정된 형식은 없다. 갑골문 중에는 하나의 판에 한번은 긍정으로 묻고 한번은 부정으로 묻는 한쌍의 복사가 많이 보이는데 이 경우 차이가 나는 것은 당연히 정사 부분으로 한정된다.

점사의 경우에는 "王占曰(왕이 판단하여 말하기를)"이라는 구절로 시작되는데, 이것은 王이 점의 내용을 판단했기 때문이다.

험사의 경우에는 점을 판단한 후 그 점대로 실행되었는지의 여부를 기록하는 것이므로 정사와 마찬가지로 고정된 형식이 없다.

6. 갑골문 자형의 특징

갑골문의 기본어휘 · 기본어법 · 기본자형 구조는 후대의 언어문자와 일치한다. 허신의 육서에 입각하여 조사한 결과 자형의 구조에는 지사 · 상형 · 형성 · 회의가 모두 구비되어 있으며, 문의(文義)의 사용에 있어서는 전주 · 가차들도 활용되고 있다.

		상형	지사	회의	가차	형성	전주	미상	합계
갑골문자	자수	276	20	396	129	334	0	70	1225
	백분율	22.53	1.63	32.33	10.53	27.27	0	5.71	100

그러나 갑골문은 상형자라고 해도 특징을 잡아 형상화한 형태로 도상 즉 그림에서 완전히 탈피한 문자로서의 기능을 완벽하게 갖춘 체계이나 후대의 한자처럼 정형화된 체계가 아니므로 자형에 있어서 갑골문 나름대로의 특징이 몇 가지 있는데 크게 6가지로 나누어 볼 수 있다. 주로 칼로 새긴 것이 많기 때문에 필획은 날카롭고 모가 나며 끊어진 것이 많은 특징도 있다.

1) 좌우 방향을 구분하지 않는다

기본적으로 좌우향방이 전혀 고정되어 있지 않아 거의 대부분의 글자에 좌우 두 가지 방향의 글자들이 병존한다. 우선 좌우를 자유롭게 뒤바꿔서 쓴 글자들의 예를 보자.

한자의 이해

‘臣’字: 𦣞 𦣝　　‘止’字: 𢽮 𢽮　　‘卜’字: 卜 卜

‘伐’字: 𠇗 𠇗　　‘安’字: 𡧛 𡧛　　‘眉’字: 𥅴 𥅴

　　위의 글자들은 모두 좌우를 뒤바꾼 대칭형으로, 좌우를 뒤바꾸는 형태
는 甲骨文에서 규칙적이면서도 보편적으로 나타난다.

　　이밖에도 ‘男’字의 경우에는 𤰔, 𤰞, 𤰒 등으로 쓰고, ‘民’字의 경우에는
𡬝, 𡥇, 𡥉, 𡥊 등으로 쓰는 등 일정한 향방 없이 두루 쓰이는 예도 있지만,
이러한 예는 소수에 불과하다. 물론 이것은 위치의 변화가 의미의 변화를
초래하지 않는 경우에 한한다.

2) 번체(繁體) · 간체(簡體) · 이체(異體)가 공존한다

다음은 번체 · 간체 · 이체의 예이다.

‘雨’字: 𠕒 𠕒 𠕒　‘田’字: 田 𠖀 田　　　‘禾’字: 𥝌 𥝌

‘网’字: 𠔉 𠔉 𠔉　‘矢’字: 𠂪 𠂪 𠂪 𠂪　　‘漁’字: 𩸀 𩸀 𩸀 𩸀 𩸀

3) 여러 가지 의미를 하나의 글자로 사용하는 경우

　　‘正’字(𤊱 , 𤊱)의 경우 사람이 성읍을 향해 나아가는 모양을 본뜬 글자
로 본의는 ‘정벌하다’이지만, ‘충분하다’는 의미의 ‘足’字로도 쓰이며, ‘又’
字(𠂇 , 𠂇)의 경우 오른손을 본뜬 모양으로 본의는 ‘오른손’이지만, 이밖에
도 ‘오른쪽’이라는 의미의 ‘右’字, ‘신이 보우하다’는 의미의 ‘祐’字, 제사

이름인 '侑'字, '있다'는 의미의 '有'字, 연결사인 '又'字 등 다양한 의미로
쓰이고 있다.

4) 의미가 비슷한 형부는 통용한다

甲骨文의 '止'字(ᄇ,ᄇ)는 발의 모양을 상형하여 발로 걷는 동작을 나
타내고, '彳'字(彳,彳)는 걷는 길을 나타내며, '辵'字(辵, 辵)는 발(ᄇ)과
길(彳) 혹은 사거리(行)의 모양이 합쳐진 것으로 길에서 걷고 있는 동작을
나타내는데, 모두 "나아가다"는 의미를 지니고 있어서 다음의 예처럼 자
주 통용되고 있다. 이외에도 '逆'字는 辵, 辵, 辵의 형태로, '逐'字는 辵, 辵,
辵 등이 있다.

5) 두세 글자를 한 글자처럼 모아쓴다

즉 합문(合文)의 경우이다. 합문은 갑골문 전체에 보편화된 현상은 아
니고, 주로 제사의 대상인 선공, 선왕, 선비(先妣)의 묘호와 두 단위의 숫자,
숫자와 명사가 더해진 단어 및 월명에 많이 나타나는데, 다시 ①左右 배열
②上下 배열 ③한 글자 내부에 다른 글자가 들어가거나 혹은 두 글자가 겹
쳐지는 배열 ④의미와 역순으로 배열되는 下上 배열 ⑤세 글자의 배열 등
으로 나눠 볼 수 있다.
　　① 左右 배열 : 묘호인 '祖甲'(祖), '大乙'(大), '母己'(母)
　　　　　　　　　숫자와 명사가 결합한 '十人'(十), '三十牛'(三) 등
　　② 上下 배열 : 廟號인 '上甲'(上), '小乙'(小), 숫자인 '三百'(三)

　　　　　　　　　　　　　　　　　　한자의 이해

숫자와 명사가 결합된 '五宰'(爾),

월명인 '一月'(☗), '三月'(☗), '六月'(☗), '八月'(☗)

이밖에 '下上'을 '☰'로 쓴 예도 있다.

③ 글자를 겹쳐지는 배열 : 묘호인 '報乙'(匸), '報丙'(囡), '小甲'(壯), '小母'(兇)

숫자인 '二千'(☗), '三萬'(☗) 등

④ 下上 배열 : 숫자인 '五十'(☗), '六十'(☗), '七十'(☗), '八十'(☗) 등

⑤ 세 글자 배열 : 월명인 '十一月'(꾑, ᆔ), '十二月'(☗, ꭩ), '十三月'(☗, ᆲ) 등

6) 자형이 유사하여 구분이 어려운 글자

자형이 유사하여 구분이 어려운 글자로는 '三'字(☰)와 '气'字(☰), '甲'字(田)와 '田'字(田), '山'字(☳)와 '火'字(☳) 등이 있는데, 이러한 글자들을 필획의 미세한 차이에 근거하여 구분이 가능하다고 보는 학자들도 있으나 실제로는 대부분 구분이 불가능하며, 이 경우 상하 문맥으로 판단하는 수밖에 없다.

12. 자형의 변천 금문(金文)

1. 금문의 명칭과 시대구분

금문이란 청동기나 철기에 새겨진 명문(銘文)을 말한다.『설문해자·서』에 보면 허신의 당시에도 이러한 금문을 볼 수 있었다는 기록이 있다.

> 郡國亦往往於山川得鼎彝, 其銘卽前代之古文.
>
> 나라 안에 왕왕 산이나 냇가에서 정(鼎)이나 이(彝)와 같은
>
> 것을 구할 수 있는데, 그것에 새겨진 것들은 바로 전시대의
>
> 고문자이다.

여기서 정이나 이는 모두 청동기의 기물을 이야기 하는 것이고, 허신이 고문자라고 한 것은 이러한 청동기에 새겨진 글자, 즉 금문을 이야기 하는 것이다. 청동기에 새겨진 글자를 금문이라고 부르게 된 연유는 선진에는 구리(銅)를 金이라고 불렀기 때문에 후인들이 고대의 동기 상의 문자를 금문이라고 부르게 된 것이다.

금문은 다른 말로 종정문(鐘鼎文)이라고도 하는데, 이는 이 시대에 사용되었던 수많은 종류의 동기가 일반적으로 예기(禮器)와 악기(樂器) 두 가지로 나누어지며, 예기로는 정이 가장 많고 악기로는 종이 가장 많기 때문에 새겨진 기물에 근거하여 칭한 것이다.

이렇게 동기 상에 새겨 넣은 글자를 금문이라고 하는데, 그 시대는 상대부터 한대까지 광범위하게 펼쳐져 있다. 그러나 금문은 상대 후기에서 시작하여 서주시대에 최고조에 이르렀고 동주시기부터는 글자체나 풍격이 현저히 달라지므로 금문의 시대는 상대 후기부터 서주 시기로 구분 짓고, 금문을 서주시대에 통용되던 글자체로 보는 것이 합당하다.

2. 금문의 제작법

청동제 그릇에 쓰인 글자들은 극히 일부분 그릇 표면에 칼로 새겨 넣은 것도 있지만, 대부분은 주물의 방식으로 새겨진 것들이다. 우선 흙을 다져서 구워 실물 크기로 정교한 모형을 만든다. 다음에 모형의 바깥쪽에 찰흙을 발라 외형(外型)을 만들고, 다시 모형의 표면을 일정한 두께로 깎는다(그 두께가 완성된 청동기의 두께로 된다). 이것이 내형(內型)이며[01] 명문을 넣으려면 따로 만든 명문의 型을 이 속에 끼워 넣는다. 외형과 내형을 끼워 맞추고 그 틈새에 끓는 구리와 주석을 부어 넣어 식힌 뒤 型을 부수어 떼어 내면 모형대로 청동기가 된다. 그릇의 외양이나 글자의 모양은 내형과 외형의 모양에 따라 결정된다. 내형 혹은 외형에 글자를 새겨 넣을 때 양각으로 새기게 되

01　이 외형과 내형을 각각 모(模)와 범(范)이라고 한다.

면 그릇은 음각이 되고, 음각으로 새기게 되면 양각이 되는 것이다.

위에서도 언급하였듯이 금문 제작에 사용된 청동기는 아주 다양하다.
고대의 청동기는 다음과 같은 열 종류로 귀납할 수 있다.

1) 요리 그릇(烹炊器) : 鼎 鬲 등

2) 음식그릇(設食器) : 簋, 敦 盂, 豆 등

3) 술그릇(酒器) : 尊, 卣, 方彝, 爵, 壺, 角, 觥, 盉 등

4) 물그릇(水器) : 盤 鑑 匜 등

5) 악기(樂器) : 鐘 鼓 鎛 등

6) 병기(兵器) : 戈 矛 劍 刀 등

7) 거마기(車馬器) : 馬冠, 銜, 鎌 등

8) 도구(工具) : 鋸削, 錛 등

9) 도량형(度量衡) : 尺, 量, 權,

10) 잡기(雜器) : 鏡, 帶鉤, 建築 장식품, 棺槨 장식품 등

鼎▷   簋▷

卣▷   尊▷   方彝▷

한자의 이해

3. 금문의 특징

1) 상대

청동의 주조기술은 상대부터 크게 발달하였으나 당시에는 청동기에 문자를 별로 많이 새기지 않았고, 청동기에 명문을 주조하는 기풍은 상대 후기에 유행되기 시작하였다. 이 당시의 명문들은 자형에 있어서 갑골문과 매우 유사하며, 일부 금문은 오히려 상형성에 있어서 갑골문의 경우보다 더욱 두드러지게 나타나기도 한다. 이런 경우는 서술적인 것에서보다 족휘, 즉 족명을 나타내는 기명(記名) 금문에서 많이 나타난다. 이것은 아마 옛 사람들의 족명에 대한 보수적인 태도에 의하여 생겼을 것이다. 한편, 기명 금문은 장식성이 있기 때문에 자형 의 상형 정도가 특별히 높다고 보는 의견도 있다.

명문들은 대부분 매우 간단하여 대다수는 단지 1자에서 5-6자만 있을 뿐이며, 주로 '戈', '子妥' 등과 같이 주인의 이름이나 씨족이름만을 기록하였으며 있으며, '祖甲' '父乙' 등과 같이 제사를 모시는 선조들의 칭호를 기록한 것들도 있다. 이후 비교적 긴 명문이 나타났지만, 그러나 가장 긴 것도 역시 40여 자에 지나지 않는다. <四祀ᄊ必 ᄀ其卣>를 예로 들어보면 뚜껑과 안쪽 바닥에 <亞貘·父丁> 등의 명문이 있는데 <亞貘>은 기물 주인의 씨족명이며, <父丁>은 제사를 지내는 조상이다. 그리고 기물의 발의 안쪽에는 그림과 같이 42자에 달하는 명문이 새겨져 있다.

2) 서주 초기

서주초기의 기물은 상대의 전통을 직접적으로 이어받았으며, 대부분의 무늬는 화려했고, 명문 점점 길어지기 시작하여 편폭이 100자 이상인 명문은 상당히 흔히 보이고, 200-300자 이상의 것도 많이 생겨났다. 글자의 모양은 상대 말기보다 점차 정제(整齊), 방정(方正)함으로 향하고 필획 또한 대부분이 '삐침'의 맛을 현저하게 보이고 있어 강한 기세를 느낄 수 있다. 대표적인 청동기로는 <대우정(大盂鼎)>에는 291자가 있고, <소우정(小盂鼎)>에는 400자 정도가 있다.

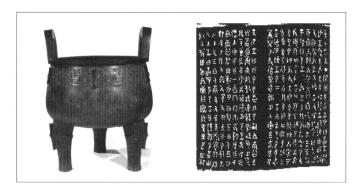

西周 초기의 大盂鼎

3) 서주 중기

서주 중기인 공왕(恭王), 의왕(懿王) 이후부터는 자형에 급격한 변화가 일어나는데, 이전까지는 상형 정도가 비교적 높아서 구부러진 선이 매우 많고 붓 자국은 굵은 것도 있고 가는 것도 있으며, 모와 원 등의 둥근 덩어리를 포함하고 있었다. 그러나 두터운 선은 점차 가늘어지고 덩어리 형태

한자의 이해

는 쓰기 편한 선 형태로 바뀌었으며, 사물의 외형을 따라 구불구불하게 그리던 선이 직선으로 바뀌었다. 또한 몇 개의 선을 하나의 획으로 잇는 경향이 나타난다. (王：王→王, 天：天→夫) 대표적인 청동기로는 350자가 새겨진 <산씨반(散氏盤)>과 <모공정(毛公鼎)>이 있는데 그 명문의 수는 497자로 글자 수가 가장 많다. 이들 명문에는 주왕이 신하들에게 내린 봉분과 하사품 등에 관한 것들을 서술하고 있거나, 산씨반의 경우에는 토지의 전매와 양도를 기술하는 등 사회, 경제와 관련 있는 자료들도 비교적 많다.

毛公鼎과 名文

4) 서주 말기

서주 말기에 이르면 어떤 명문들은 그 글자체에 있어서 새로운 변화를 보이기 시작한다. 이 시기의 금문은 전혀 굵은 선이 없고, 행간과 자간이 일정해지며, 옆으로 기울어진듯하면서도 고른 대칭을 이루고 있고, 자형이 정형화 되어있다. 가장 대표적인 명문인 괵계자백반(虢季子白盤)은 전쟁을 기술하고 있는데 그 글자체가 네모반듯하게 가지런하여 풍격 상에 있어서 주문과 매우 흡사하여 글자체에 있어서 새로운 변화를 보이기 시작한다.

虢季子白盤 銘文

5) 춘추 시대

이미 발견된 동기의 명문으로 본다면, 西周 동기의 대다수는 周 왕조의 귀족, 신료들이 만든 것이다. 이 때 까지는 대부분의 청동기가 周 왕실의 대신과 관리들에 의해 제작되었고 제후국의 금문은 비교적 적으며, 특히 장편의 금문은 매우 드물었다. 그러나 서주가 멸망하고 주 왕실이 동천한 이후로 조정의 세력이 쇠락해지자 제후들의 기물들이 점차 증가하기 시작했으며, 이 때문에 청동기의 지방색 또한 날로 선명해지기 시작했다. 또한 장편명문의 수도 서주 시대보다 현저하게 줄어들었다.

춘추 시대 초기에는 서주 만기 금문의 자형을 답습하였으나 후에 각 지역은 점차 자기의 특색을 형성하였다. 그러나 자형의 구조는 대체로 비슷하였다. 춘추시대의 중, 후기 금문은 현란하게 장식되어 화려해 졌으며 금은(金銀)을 상감하는 기교들도 유행하기 시작하였다. 문자의 형태에도 장식화, 미술화의 경향이 강하게 나타나 표현 되면서 아래 그림과 같이 남

한자의 이해

방국가의 일부의 금문은 자형이 특별히 좁고 길며 필획을 고의로 부드럽고 구부러진 형태로 만들었다.

이후 소위 과두문(蝌蚪文)과 조충서(鳥蟲書)가 나오는데, 과두문은 북방에 위치한 晉에서 유행한 서체로 머리 부분은 뾰족하면서 배가 살찐 올챙이 모양의 글자라 하여 붙여진 이름이고, 조충서는 남방의 吳 ,越 ,楚 지역에서 주로 사용된 글자체로, 글자에 새나 벌레 모양의 장식을 더한 것이다

蝌蚪文

鳥蟲書

4. 명문의 내용

명문의 내용이 매우 다양하고 그 종류도 많으나, 그 중 몇 가지 내용을 나열해 보겠다.

① 봉분에 관한 것 : 하남성 준현(浚縣)에서 출토된 말사도궤(沫司徒簋)는 명문의 첫머리에 "왕이 상읍을 정벌하고서 강후로 하여금 위 지방에 거주하게 하였다"라는 내용을 기술하고 있다. 『좌전』에 이와 상

응하는 내용이 기록되어 있다.

② 공적을 가리기 위해 제작한 것 : 무왕 때의 기물인 천망궤(天亡簋)는 무왕이 문왕을 제사지낼 때 천망이 제사를 도와준 공로로 왕의 포상을 얻었으며, 그리하여 기물을 주조하게 되었다는 사실을 기록하고 있다.

③ 전쟁과 관련된 것 : 섬서성의 임동(臨潼)에서 출토된 이궤(利簋)의 명문에는 무왕이 牧野의 전쟁에서 승리를 거두는 과정을 서술하고 있다. 이는 『상서』, 『일주서』 등과 같은 문헌에서의 기록과 완전히 일치하고 있다.

④ 제사와 관련된 것 : 상과 주 사이의 시기에 속하는 아방정(我方鼎)에는 제사를 지내는 날짜와 제사의 종류, 참가한 사람, 등이 기록되어 있다.

⑤ 冊命을 기록한 것 : 주왕이나 제후들이 신하를 임명하거나 관작을 수여할 때 항상 책명을 거행해야 했는데, 임명을 받는 사람은 모두가 청동기를 주조하여 책명의 경과를 상세히 기술함으로써 기념으로 삼았다. 이러한 유형의 의례는 『상서』, 『좌전』, 『주례』, 『의례』 등의 고문헌에 기록된 서술과 기본적으로 일치하고 있다.

⑥ 토지와 관련된 금문 : 토지와 토지를 교환한 경우, 토지와 토지에서 수확한 물품으로 교환한 경우 등이 있다. 섬서성 기산(岐山)의 동가촌(董家村)에서 발견된 위화(衛盉)에는 물품을 구입하고 조개화폐 또는 토지와 교환을 하는 내용이 기록되어 있다. 산씨반 역시 토지제도와 관련된 금문이다.

13. 자형의 변천 주문(籀文)과 육국고문(六國古文)

1. 주문

1) 주문의 명칭

『한서·예문지』에 『사주』15편을 싣고 있는데 班固는 이에 대해 注 하기를 : "周宣王太史作大篆十五篇(주나라 선왕의 태사가 15편의 大篆을 지었다.)" 라고 하고 또, "史籀篇者, 周時史官敎學童書也, 與孔氏壁中古文異體.(사주편이란 주나라 때에 사관이 학동들을 가르치던 책이다. 공자의 생가 벽에서 나온 벽중서에 쓰인 '고문'과는 다른 자체이다.) 라고 하였다. 그리고 허신은 『설문해자·서』에서 "及宣王太史籀, 著大篆十五篇, 與古文或異(선왕 때에 이르러 태사 주가 대전 15편을 지었는데, 서체가 '고문'과는 간혹 달랐다.)"라고 하였다. 이와 같이 주문은 주나라 선왕때 주가 만든 서주 말기의 문자이며, 이를 소전에 상대되는 서체로서 '대전'이라 칭했음을 알 수 있다. 그러나 이러한 기록만으로 주문이 무엇인지를 추정하기에는 다소 부족하다.

　왕국유는 『사주편소증서』에서 이 『사주편』과 주문·고문과의 관계에 대해, 『사주편』이란 하나의 책명으로서 학동들에게 글자를 가르치는데 사용한 책이며, 춘추전국시기에 진에서 사용이 되고 동방의 제국에서는 통용이 되지 않았던 자서라 하였다. 또 이 책에 써진 한자가 바로 주문인데, 이는 은주시기의 고문과 다를 바가 없지만, 그 작법이 대체적으로 좌우가 균일하고, 다소 번잡하고 중복된 점이 있으며, 상형·상사의 의미보다는 추상적인 의미의 글자들이 많았던 주·진간에 서방에서 통용되었던 문자라고 말하고 있다. 그리고『설문해자』에서 말하는 古文이란 공자의 집에서 나온 벽중고문을 지칭하는 것으로서, 이는 주문이나 전문과는 다르고, 오히려 육국의 동기명문과 같은 것이라고 말하고 있다. 그리고 또 <전국시진용주문육국용고문>에서 전국시대에는 동서방에서 통용된 한자의 자형이 달랐는데, 서방에 진에서 사용한 한자는 주문이고, 동방의 육국이 사용한 한자는 육국고문으로서, 주문과 고문이란 명칭은 동방과 서방에서 사용되는 문자의 다른 명칭에 불과하며, 이들은 모두 은주의 고문에서 발전되어 온 것이라 말하고, 다만 당시에 진에서 통용되고 있던 주문은 그 진의 지역이 서주가 위치하고 있었던 관계로 인해 西方에서 통용되던 육국고문보다는 자형상에 있어서 은주고문에 근접되고 있었다고 말하고 있다.

이상을 종합하면, 주문이란 서주말부터 통용되던 문자인데, 왕국유의 주장은, 그 중에서도 서방인 주진(周秦) 지역에서 통용되던 것이 주문이고, 東方에서는 이와는 다른 자형(즉 六國古文)이 통용되었다는 것이다.

2) 주문의 특징

주문의 대표적인 자형은『설문해자』의 중문중 나타나 있는 225자를 들 수 있다. 주문의 또 다른 예는 당대 초기에 발견된 석고문이다. 10개의 석갈(石碣)이 발견되었고, 매 갈마다 4면에 모두 글자가 새겨져 있는데 시경과 비슷하게 4언시가 새겨져 있고 내용은 어렵(漁獵)의 일을 기록한 것이다. 전체 글자는 700자가 넘는다. 시대에 대해서는 이설이 많으나 대체로 춘추·전국 사이의 것으로 볼 수 있다. 자형상의 특징으로는 왕국유에 따르면 "좌우가 균일하고, 복잡하고 반복되며, 도화성이 적으며, 직선의 형태가 많아" 부호적인 성격으로 변화했음을 알 수 있다. 또한, 전체적으로 방형을 띄고, 본래 山이라는 편방을 써야하는데 屾 과 같이 편방을 겹쳐서 쓰는 경우가 많다.

石鼓文

2. 육국고문

1) 육국고문의 명칭

춘추·전국 사이에 중국 사회는 급격한 변화가 일어났고, 이것은 한자 형체의 연변에 대하여 막대한 영향을 주었다. 춘추 시대의 국가 가운데 종주(宗周)의 옛 땅에 수립된 진(秦)은 서주 왕조에서 사용한 문자의 전통을 계승하여 주문을 쓰거나, 정체와 구분되는 속체가 생겨나도 전통적인 정체의 형체를 크게 벗어나지 않았다. 하지만 주 왕조와 멀리 떨어진 동방 각국에서는 사회의 변화가 일어난 만큼 속체도 많이 생겨나게 되었고, 정체에서 많이 벗어나게 되었다. 이런 변화를 거치게 되자 전국 시대의 동방 각국에 통행된 문자는 서주 말기와 춘추시대의 전통적인 정체와 비교했을 때 이미 면모가 거의 달라져 있었다. 이렇게 한(韓), 위(魏), 조(趙) 삼진(三晉)과 연(燕), 제(齊), 초(楚)의 육국에서 사용된 문자를 육국문자라고 불렀다. 이는 고문이라고도 칭해지며, 큰 범위의 고문자와 구별하기 위해 이를 전국고문, 전국문자라고 부르기도 한다.

2) 육국고문의 특징

古文은 잘 알려져 있다시피 공자의 벽중서에서 발견되었으며, 『설문해자·서』와 『한서·예문지』에 그 기록이 있다. 조위(曹魏) 정시(正始) 년간에 나온 삼체석경에서도 고문을 발견할 수 있다. 이것은 『상서』, 『춘추』 두 가지 경서를 비석에 새긴 것인데 매 글자마다 모두 고문, 소전, 예서의 세 가지 자체로 세 번이나 썼다. 삼체석경의 고문은 『설문해자』의 고문과 서로 비슷하다.

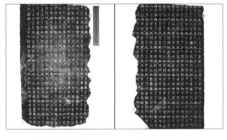

三體石經 앞면   三體石經 뒷면

한자의 이해

우선, 육국의 고문은 형체의 변화가 특히 많았다는 것, 즉 속체가 많다는 것을 그 특징으로 하고 있다. 속체 가운데 가장 흔히 보이는 것이 간체이다. 간체의 유행은 문자의 사용이 갈수록 빈번하였다는 것을 반영한다. 한편, 육국문자의 붓 자국은 보통 춘추 이전의 문자보다 평직하다는 것을 볼 수 있는데 이것 역시 일종의 간화이다. (馬: 乆 또는 髭) 반면에 약간의 점획 혹은 편방을 가하는 번화 현상도 나타나게 되었다. (平: 乑 또는 乑) 이런 형체상의 특징으로 인하여 육국의 문자는 서주말기, 춘추시대의 문자와는 다른 독자적인 형태를 만들어 나가게 되었다.

육국 고문의 또 한 가지 특징은 주(周)에서 진(秦)으로 이어지는 서방과는 달리 동방은 여러 나라로 갈라져 있었기 때문에 각 지역의 지방성을 띤 이체가 나타났다는 것이다. 또한 춘추전국 당시 齊, 魯나라가 위치하던 산동지방의 서체 특징을 다른 지역의 서체와 비교해 본 결과 육국문자 역시 완전히 일치하지 않는다는 것을 밝혔다. 예를 들면 孝자의 경우 산동지방에서는 夋(陳侯午錞) 또는 夅(王孫鍾)로 쓰이는데 다른 지역에서는 夅(夆叔匜) 또는 夅(夋季良父壺)의 형태로 쓰임을 볼 수 있다.

3) 육국고문의 가타 자료

또한 전국시대의 문자 자료는 비교적 분산되어 있어 금문, 화폐문자, 새인, 백서, 석각, 도기 등 각종 실물상의 문자 자료가 있다.

① 金文

전국 중기부터는 서주시기와 같은 전통 형식의 동기 명문은 현저히 감소되고 "물건에 工人의 이름을 새기는"식의 명문이 대량으로 나타났다. 기록된 것은 주로 그릇을 만든 해, 그릇 만들기를 주관한 관리와 그릇을 만든 工人의 이름 등등이다. 명기 명문은 이러한 명문 가운데 상당히 큰 비중을 차지하고 있다.

② 새인(璽印) 문자

흔히 말하는 인장을 새(璽)라고 불렀는데 진시황 때에 이르러 비로소 천자의 인장만을 "새(璽)"라 부르도록 규정하게 되었으므로 전국시기의 인장들은 모두 고새라고 불러 구분하기도 한다. 그 종류는 상당히 많으나 중요한 것으로는 관공서에서 쓰는 관새, 개인이 사용하는 사새, 좋은 글들을 새겨놓은 길어새, 형체를 조각한 초형새 등이 있다.

③ 화폐(貨幣) 문자

주폐(鑄幣)는 춘추시대서부터 사용되기 시작하여 전국시대에 이르러서는 이미 많은 지방에서 대량으로 유통되었다. 주폐의 대부분은 청동폐이다. 동방 각국의 동폐의 형제(形制)는 삽 모양을 본뜬 포(布), 도(刀), 원전(圓錢), 조개의 모양을 본뜬 의비전(蟻鼻錢)의 4종류로 크게 나눌 수 있다. 포(布)는 주로 韓, 魏, 趙 三晋과 燕에서 통용되었고, 도(刀)는 주로 齊, 燕, 趙에서 통용되었다. 원전(圓錢)은 비교적 늦게 나타났는데, 韓, 魏, 趙 三晋과 燕, 齊에 두루 사용된 적이 있는 것 같다. 의비전(蟻鼻錢)은 단지 楚에서만 통용되었다. 화폐의 다수에는 땅 이름이 주조되어 있고, 어떤 것은 무게 혹은 값을 표시한 문자가 주조되어있기도 하고, 어떤 화폐는 함축된 뜻을 명확하게 밝혀내지 못하는 것도 있다.

④ 간백(簡帛) 문자

　중국은 종이를 사용하기 전에 오랫동안 간(簡, 竹簡)과 백(帛, 흰색의 견직물)을 사용했다. 간과 백은 모두 손상·부패되기가 매우 쉽기 때문에 초기의 간백문자는 매우 보존하기 어려웠는데, 이미 발견된 간백문자는 전국시대의 것이 가장 이르다. 죽간은 초나라의 무덤에서 발견 되었는데 모두 붓으로 먹을 적셔 쓴 것이고, 다수는 부장된 기물 혹은 송장 차마에 관한 기록이고, 그 밖에 점복의 기록과 사법 문서와 시일에 관한 점서 등이 있다. 백서 역시 초나라의 것이 발견되었는데 900여 개의 붓으로 쓴 문자 및 약간의 문자와 짝지은 채색 도상이 있는데, 천문, 사시와 관계가 있는 신화와 금기 등을 말한 것이다.

中山王
銅方壺 銘文

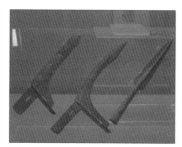
육국 兵器

璽印 문자

육국 貨幣

마왕퇴 백서

14. 자형의 변천 소전(小篆)

1. 소전의 명칭

서주가 멸망한 후, 평왕(平王)이 동쪽으로 도읍을 옮기자 진나라가 周나라의 옛 도읍지를 차지하였고, 周나라의 주문을 그대로 사용하였는데 그것이 점차 발전하여 秦나라의 특색을 갖추게 되었다.

『설문해자·서』에 소전에 대한 다음과 같은 기록이 있다.

> 及宣王太史 著大篆十五篇, 與古文或異······秦始皇初兼天下, 丞相李斯乃奏同之, 罷其不與秦文合者, 斯作倉頡篇, 中車府令 趙高作爰歷篇, 大史令胡母敬作博學篇, 皆取史籀大篆, 或頗省 改, 所謂소전者也.
>
> 선왕 때에 이르러 태사인 주가 대전 십오편을 지었는데, 그 자형이 고문과는 약간 달랐다······ 진시황이 처음 천하를 통일하고 나자, 승상인 이사는 한자의 통일을 건의하여, 진의 문자와 자형이 다른 문자들을 없애버리고, 이사(李斯) 스스로

『창힐편』을 지었으며, 중거부령(中車府令)인 조고는『원역편』을 지었고, 대사령인 호무경은『박학편』을 만들었는데, (여기에 쓰인 글자들은) 모두 사주 대전에서 취하였으며, 이 대전중의 일부 글자들은 약간 생략을 하거나 고친 것이 있는데, 이것이 바로 소전이다.

위의 내용에 따르면, 소전이란 진시황이 천하를 통일한 후, 재상인 이사가 한자를 통일하기 위해, 당시에 전국에서 사용된 한자들 가운데서 秦에서 사용되던 한자와 자형이 다른 모든 글자들을 없애버리고, 자기들이 이제까지 사용하여 왔던 대전을 근거로 하여, 여기서 일부의 글자는 자형을 생략하고, 일부는 자형을 고쳐 만든 것이다. 그리고 그는 이 소전으로 『창힐편』을 지었고, 조고는『원력편』, 호무경은『박학편』을 만들었다는 것이다. 다시 말해 소전은 대전에서 나온 것이라 한다.

2. 소전의 특징

문자가 소전으로 통일되기 이전에도 소전의 자체와 유사한 자체는 이미 여러 자료들에서 나타나고 있다. 예를 들어 송대에 발견된 저초문(詛楚文) 삼석(三石)은 전국시대 후기에 진나라가 초나라의 죄를 여러 신령들에게 호소하는 토벌성 석각인데 원석과 탁본은 후에 모두 없어졌고 현재는 단지 모각본만을 볼 수 있다.

한편, 전국시대 진의 금문에서도 소전체가 나타나는데 가장 대표적인 것이 진 효공시기(BC340 전후)의 진대량조앙동양과 진대량조극(秦大良造戟)

에 새겨진 글자들인데 이전의 금문과 사뭇 다른, 소전체의 전형을 보여준다. 한편, 진 신처(新郪)지방의 호부는 진왕을 '황제'가 아닌 '왕'으로 칭하고 있는 것으로 봐서 진이 천하를 통일하기 이전의 신부인데 상당히 표준적인 소전이다. 이상의 자료들에서 소전체는 진이 통일되기 이전부터 존재해 왔음을 알 수 있다.

詛楚文

嶧山刻石

虎符

진시황이 전국 통일 후 총 7곳에 세웠다는 각석(秦刻石)이 있다. 태산(泰山), 랑야대(琅邪臺), 역산(嶧山), 지부(之罘), 갈석(碣石), 회계(會稽) 등에 자신의 공적을 칭송한 문장을 새긴 돌비석을 세웠는데 모두 이사의 필체로 쓴 소전이라고 하며, 이들을 각각 태산각석, 낭야대각석, 역산각석 등으로 부른다. 하지만 원물은 거의 파괴되었고 태산각석에서 9개하고 반개의 글자만

한자의 이해

이 그대로 온전히 남아있을 뿐이다. 소전의 자형상의 특징으로는,

① 필획이 선조화(線條化)되었다.

금문에서는 윤곽 안을 채워 넣는 덩어리 형태의 모양이 많았던 반면에, 소전은 일률적으로 선조화되어 심지어 둥근 점조차도 하나의 선이 되어 나타나기도 한다. 동시에 필획의 선조화로 인하여 문자가 도화적인 성격에서 멀어지게 되었다. 그리고 전체적으로 타원형이 나타나 모필의 전면적인 사용을 보여준다.

② 자형의 규격과 필획 면에서 통일화되었다.

크기가 방정하면서도 세로로 약간 긴 장방형으로, 한자가 방괴자가 되는데 기반을 이루었고, 필획의 굵기가 처음부터 끝까지 동일하다. 또한 갑골문이나 금문은 일자다형의 형태가 많아 한 두 획의 차이는 글자를 식별하는 데 영향을 주지 않았으나 소전은 필획 면에서 획의 증감을 허용치 않아 엄격한 정형을 이룬다.

③ 구조의 정형화이다.

주문 자형 중에서 동일한 형태가 중복되는 편방은 생략시켰다.(敗: 𣌴 —𣌴)또 편방의 형체도 고정되는데 牡(𤚩)자의 경우 甲骨文에서는 牛 대신에 鹿, 羊, 豕 등의 편방으로 대치하여 통용되었으나(𪊨, 𤺺, 𤜼) 소전에서는 하나로 통일된다. 여러 가지 형태로 존재했던 편방을 하나의 형태로 통일하였고 한 글자 내에서 편방의 위치를 고정시켰다.

이와 같이 소전은 상주이래의 고문자 형체를 통일하였고, 한자의 필획구조를 간화하고 규범화 시켜 예서로 연변하는데 기반이 되었다.

15. 자형의 변천 예서(隸書), 초서(草書)

1. 예서

1) 예서의 명칭

례서라는 명칭은 『한서 · 예문지』에 최초로 나온다.

> 是時始建隸書矣, 起於官獄多事, 苟趨省易, 施之於徒隸也
> 이 때 비로소 예서가 만들어졌는데, 관청과 감옥에 일이 많
> 아졌기 때문이었으며, 필획을 줄여 간편하게 하는 추세였고,
> 이를 죄수들과 노예들에게 시행하였다.

또한 『설문해자』에는

> 是時秦燒滅經書, 滌除舊典, 大發隸卒, 興戍役, 官獄職務繁, 初
> 有隸書, 以趨約易, 而古文由此絶矣.
> 이때 진은 경서를 소멸시켜버렸고 예전의 전적들을 모두

없애버렸는데, 죄수의 숫자가 크게 늘어나 감옥의 일이 많아지고 또한 매우 번잡해짐에 따라 예서가 생겨나 자형의 간단함을 추구하게 되니, 이로부터 고문은 사라졌다.

위의 기록을 볼 때 '예서'라는 이름은 죄수나 노예들에게 시행하였다는 사실에서 연유한 것이며, 진대에 만들어진 것이며, 관청과 감옥에서 사무를 보면서 자연스럽게 사용된 글자임을 알 수 있다.

한편, 당란은 위와 같은 설명은 원인과 결과가 전도된 것이라고 하며, 예서의 사용에 대한 다른 견해를 제시하고 있다. 진시황이 반듯하고 장중한 소전으로 문자를 통일했을 때 민간에서는 아직도 육국문자를 거칠게 날려 쓰던 습관이 남아 있었고, 소전체를 쓸 때도 역시 습관대로 거칠게 쓰다 보니 소전은 통속적이고 날려 쓰는 형태의 글자로 변하게 되었다. 이것이 처음에는 하층민에게서만 사용되었기 때문에 통치계급에서는 이를 인정하지 않고 무시하는 차원에서 '예서'라고 부르게 되었던 것이며, 관옥의 일이 바빠지자 어쩔 수 없이 민간에서 통용되던 예서를 사용하게 된 것이라고 설명하였다.

2) 예서의 특징

은주(殷周)의 고문으로부터 소전에 이르기까지 한자는 비록 지속적으로 자형이 정제되고 필선이 균일해지며 또한 간화되었지만, 글자의 구조상에 있어서는 사실상 거의 변화가 없었다. 그러나 예서의 경우는 구조면에 있어 근본적인 차이가 있다. 이전의 자형의 변화와는 달리 예서에 이르러 큰 변화가 있었다. 문자학에서 일반적으로 이러한 변화를 '예변(隸變)'이라고 한다. 즉 긴 필선이 짧게 변하고, 편방의 필획이 감소되고 고정되었으며, 획수와 필순까지도 거의 일정하게 되었다. 그리고 곡선도 직선화되어 전체적인 면에서 회화성이 완전히 사라지고 마치 일종의 부호문자의 형상을 띠게 되었다. 후한의 희평(熹平) 4년에 태학에 세웠던 희평석경은 형체가 방정하고 필획이 균형 잡히고 삐침 없이 정연한 표준 예서체로 새겨져 있다.

그 변화된 특징을 살펴보면 다음과 같다.

(1) 필획이나 편방이 생략되고 병합되었다.

소전	大	遷
隸書	大	遷
楷書	大	遷

두 개의 필획을 한 필획으로 연결하거나 두 개 이상의 편방이나 편방이 포함하는 부분을 합병하여 간단하게 하였다. 예를 들면 '大'字의 자형 '大'은 예서에서 '大'로 바뀌었는데, 사람의 어깨 부분인 양쪽의 두 획이 하나의 필획으로 바뀌었다. 그리고 '遷'字의 경우 '遷'에서 지금의 해서와 같은 형태의 遷으로 변화되었는데 소전의 遷에서 '遷'이 西로 되어 하나의 편방으로 바뀌었다.

(2) 편방이 변형되었다.

人	几	亻
犬	犬	犭
邑	邑	阝

예서에서 한 자형이 독립적으로 쓰일 때와 편방으로 쓰일 때 그 자형이 달라졌다. 예를 들면 人은 다른 자와 결합되어 편방으로 쓰일 때 'ㅓ '으로 犬은 'ㅓ'으로 邑은 'ㅏ'으로 艸는 'ㅗ'로 변화되었다. 이러한 변화와 함께 같은 편방이 각각의 다른 문자에서 위치가 다름에 따라 상이한 필법으로 분화되었다.

(3) 필획이 생략되고 병합, 편방이 변형되는 과정에서 편방 혼동현상

小	火	灵
		灵
	小	灻
		赤
	小	灻
		先

이상과 같은 변화는 한자의 부호적 성질 면에서 대혁명이었고 이로써 한자의 복잡하고 어려운 정도가 크게 낮아졌으며 한자의 쓰기 속도도 향상되었다. 그러나 형체로부터 뜻이나 음을 알게 되는 어려움은 증가하였다. 예를 들어 예서의 灬를 들 수 있는데, 소전에서 鳥자의 네 점은 새 발톱의 상형이고, 燕자의 것은 제비 꼬리의 상형이고, 然(燃의 본자)자의 네 점은 불의 상형이지만, 그 각각의 의미를 짐작 할 수 없게 되었다. 이러한 현상은 새로운 형성자를 대량으로 출현시키는 결과를 낳았다

이렇게 필획과 편방의 정형화와 상형성의 탈피로 한자는 예서에서 소전까지의 古文字의 단계에서 근대문자로 대전환을 맞이하게 된다.

2. 초서

양(梁) 무제(武帝)는 『초서장(草書狀)』에서 채옹(蔡邕)의 말을 인용하여,

"서신이나 격문을 서로 전하고 봉화를 바라보며 역참을 달리는 상황에서 전서나 예서의 어려움으로는 급박함에 대처할 수 없었다. 이에 긴급에 대응하는 서체를 만들게 되었는데 오늘날의 초서가 바로 이것이다." 라고 하였다. 이와 같이 한대 사람들은 한대의 공식자체인 예서가 쓰기에 불편하다고 여겼기 때문에 예서를 빨리 쓸 수 있게끔 윤곽이나 글자의 일부만을 필기체 형식으로 흘려쓰기 시작했는데 이것이 바로 초서이다. 그 이름도 본래는 초율(草率)하게 쓴 글자라는 의미에서 나온 것이니 곧 '경박하게 쓴 글씨체'를 말한다고 할 수 있다. 초서는 동한 章帝 때 자체의 일종이되고 정식으로 이름을 갖게 되었다.

초서는 장초(章草)와 금초(今草), 광초(狂草)로 구분한다.

1) 장초(章草)

장초란 각 글자들을 연결하여 쓰지 않고, 하나씩 따로 떼어서 쓰는 초기의 초서를 말하는데 왕희지의 『초월(初月)』·『득시(得示)』 등의 법첩과 손과정(孫過庭)의 『서보(書譜)』를 꼽을 수 있다. 이 장초란 이름을 얻게 된 것에 대해서는 의견이 일치하지 않고 있다. 동한의 장제(章帝)가 중시하였기에 얻은 이름이라는 견해도 있고, 초서를 이용하여 글을 지어 올렸기 때문에 얻은 이름이라는 견해도 있다. 비교적 믿을 만한 견해는 장정서(章程書)에서 나온 이름이라는 것이다. 장정서는 예서가 해서로의 변화단계로 초해(草楷)라고도 하는데 이것과 같은 시기의 초서를 장초라고 부르는 것은 매

우 자연스러운 일이다.

장초는 비록 초서라 하더라도 아직은 예서의 기풍이 남아있다. 예를 들면, 가로획의 끝은 위로 추켜올려지고 왼쪽의 삐침과 오른쪽의 파임이 분명하다. 게다가 한 글자 한 글자가 분리되어 서로 이어지지 않고 서로의 거리를 유지하며 형태와 흐름을 그대로 살리고 있는 필체이다. 장초로 유명한 사람은 한대의 사유(史游), 두조(杜操)가 있다.

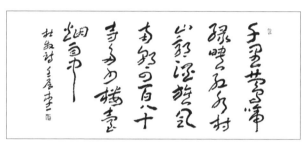

章草

2) 금초(今草)

금초는 한 구절이나 한 행을 연결하여 쓰는 초서로 지금 일반적으로 지칭하는 초서가 바로 이 금초인데 '금초'라는 이름은 장초와 구별하기 위해, 또 장초보다 후대에 만들어졌기 때문에 졌기 때문에 붙여진 이름일 것이다. 후한 때 장지(張芝)가 완성한 것으로 보이는데, 후대 사람들은 그를 '초성(草聖)'이라 칭한다.

금초의 가장 큰 특징은 장초의 팔분 예서 같은 파절이 없고 해서의 필세를 갖고 있으며 아래, 위 글자가 이어져 끊어지지 않고 한 자 내의 점과 획도 연결되어 막힘이 없이 단숨에 이루어진다는 데 있다. 장지의 금초는 현재 존재하지 않고, 왕희지가 유명하다.

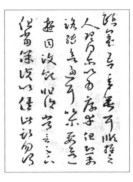

今草

3) 狂草

금초는 당대(唐代)에 이르러 필세가 더욱 방종스럽게 되어 서로 뒤엉키기도 하는 등 자형 변화가 매우 번잡해져 글자를 판독하기가 어렵게 되는데, 이를 광초라고 한다. 초서가 광초의 단계에 이르면, 문자의 실용적인 가치를 상실하고 일종의 예술, 즉 서예(書藝)가 된다. 장욱(張旭), 회소(懷素) 등을 대표로 들 수 있다.

狂草

한자의 이해

16. 자형의 변천 해서(楷書), 행서(行書)

1. 해서(楷書)

해서란 우리가 지금 가장 보편적으로 사용하고 있는 자체이다. '楷'字는 '본보기'라는 의미 있는데 즉, 해서는 바른 서체라는 의미로, '진서(眞書)' 혹은 '정서(正書)'라고도 불린다. 이 자체는 예서에서 발전되어 나온 것인데, 필획이 예서보다 훨씬 직선화되었으며, 예서는 필획을 이루는 선의 끝이 비상하는 경향이 있으나 해서는 전혀 그렇지 않고, 또 자형구조에 있어서도 예서에 비해 매우 方正해졌다.

해서가 당대에 발달하게 되는 데는 인쇄술의 발달과 밀접한 연관이 있다. 중국의 목판인쇄는 대략 7세기 중엽인 당대에 시작되었는데, 해서는 예서보다도 더욱 직선적인 서체였기 때문에 목판 인쇄에 아주 적합하였다. 이처럼 인쇄에는 대부분 해서를 사용했고, 인쇄물의 자체가 해서이다 보니 표

顔眞卿의 楷書

歐陽詢의
楷書行書

준 자체의 위치를 쉽게 점할 수 있었던 것이다. 해서체는 왕희지를 비롯하여 구양순, 안진경 등이 유명하다.

2. 행서(行書)

행서란 해서의 방정함과 초서의 신속함이란 장점을 살려 만들어진 것으로서, 기본적인 구조는 해서와 다를 바 없으나, 필선이 매우 자연스럽고 부드러워 쓰기에 매우 편하고 초서보다 알아보기가 쉬웠으므로 널리 통용되었다.

행서는 쓰기 편리함만을 위해 해서를 약간 흘려 쓴 것이며, 구조상에 있어서는 해서와 어떠한 차이도 없어 지금까지도 해서와 함께 가장 많이 사용되고 있다.

行書

한자의 이해

17. 자형의 변천 간체자(簡體字)

　　한자는 처음 만들어진 이후부터 현재까지 대체적으로 간화의 과정을 겪어왔다. 비록 중간 단계에 있어서 번화의 과정이 전혀 없었던 것은 아니었지만, 갑골문에서 금문을 거쳐 소전에 이르기까지의 자형은 완만한 속도의 간화과정이었으며, 소전에서 예서로 변하는 과정에서와 같은 큰 간화과정도 거쳐 왔다. 그 후 다시 해서로 정착될 때까지는 그리 큰 변화가 없었지만, 역시 간화는 지속적으로 이루어져 왔다. 해서가 정착된 이후에는 속체자로서의 간체자가 출현되기도 하였지만, 한자는 사실상 커다란 변화를 하지 않은 채 현재에 이르고 있다. 그러나 이 해서는 여전히 '쓰기에 어렵고[難寫]·기억하기 어렵고[難記]·알아보기 어렵고[難識]·읽기어렵다[難讀]'는 큰 문제점을 가지고 있다. 즉 한 글자가 보통 획수가 많은 것은 30여 획이나 되고, 또 이체자가 수없이 많아 교학에 상당한 어려움이 있다. 그래서 한자의 간화문제는 예전부터 꾸준히 제기되어 왔었다.

　　그러던 중, 1950年에 마오저뚱(毛澤東)이 중국중앙인민정부교육부에 한자의 간화를 추진할 것을 지시하자, 1952年 2月에 중국문자개혁연구위원회가 정식으로 발족되었고, 여기서 약 3년의 연구 과정을 거쳐 1954년

말에 "한자간화방안초안"이 편성되고, 1955년 1월에 발표되었다. 이 초안에 따르면 한자간화의 내용은 크게 세 가지로서, 첫째는 필획(筆劃)의 간화이고, 둘째는 자수(字數)의 간화, 셋째는 사법(寫法)의 간화이다. 이 중 필획의 간화에 의해 만들어진 글자는 798字이고, 자수의 간화에 의해 폐기된 이체자는 400자이다. 그 해 베이징의 각 출판사에서는 이 중에서 5月 1日부터 57字, 8月 15日부터 84字, 모두 141字를 시험적으로 사용했다. 그리고 많은 사람들에 대한 여론 조사와 의견수렴의 과정을 거치고, 1955년 10월에 전국문자개혁회의에서 이에 대한 수정 보완이 이루어진 다음, 1956年 2月 1日에 중화인민공화국국무원은 "한자간화방안"을 발표했는데, 여기서 최종 확정된 간체자는 간체자 515字, 편방간화 54種이며, 폐기된 이체자는 1055字이다.

이러한 한자의 간화 작업은 그 후로도 지속되어 1964년에 편한 『간화자총표』에선 모두 2238字의 간체자가 수록되었는데, 이 한자 간화의 중요 내용은 필획의 간화와 자수의 정간이며, 그 방법과 예는 다음과 같다.

1) 필획간화

1) 자형의 일부만 취하는 것.

业(業)　　声(聲)　　奋(奮)　　亏(虧)　　习(習)　　丽(麗)

2) 간단한 부호나 편방으로 복잡한 편방을 대신하는 것.

难(難)　　观(觀)　　戏(戲)

3) 필획이 적은 동음자로 필획이 많은 자를 대신한 것.

出(齣)　　了(瞭)　　千(韆)

　　　　　　　　　　　　　　　　　　　　한자의 이해

4) 고문 기자(奇字)를 채용한 것.

　无(無)　　云(雲)　　电(電)

5) 다른 회의자를 만든 것.

　尘(塵)　　灶(竈)　　泪(淚)

6) 다른 형성자를 만든 것.

　肤(膚)　　护(護)　　惊(驚)

7) 초서를 해서화한 것.

　书(書)　　尧(堯)　　专(專)

8) 윤곽(輪廓)자.

　龟(龜)　　仓(倉)

2) 자수의 정간

이는 여러 개의 이체자 중에서 가장 많이 사용되는 글자만 남겨두고 나머지는 폐기시킨 것이다. 예를 들면 다음과 같다.

　炮(砲, 礮)　　　　迹(跡, 蹟)

　乃(廼, 迺)　　　　烟(煙, 於)

　輝(煇, 暉)　　　　岩(巗, 巖, 嵒)

　共(門, 鬥)　　　　暖(煖, 昄, 煗)

위와 같은 한자의 변화는 불과 10년 정도밖에 안 되는 짧은 기간에 이루어졌다. 역사적으로 볼 때, 한자가 지속적으로 간화를 추구하여 왔다는 면에서 위와 같은 간체화는 언젠가는 도달하여야 할 귀결점이 되겠지만,

위의 간화는 인위적이고, 또 급진적인 변화라는 점에서 적지 않은 혼란을 야기할 수밖에 없다. 그러나 문명의 발달에 따라 문자의 기계화가 불가피해졌고, 또 많은 사람들이 이용할 수 있어야 한다는 측면에서 보면 긍정적인 면도 없지는 않다. 그러나 위와 같은 간체화는 여러 글자가 동일자형으로 나타나는 경우도 발생하여(雲과 云) 결과적으로 득보다는 실이 많다고 할 수 있다.

종합적으로 한자의 자체는 도문으로 부터 지금의 해서와 간체에 이르기까지 지속적인 변화의 과정을 겪어왔다. 그러나 그 과정은 기존의 주장과 같이 금문 이후에 주문과 육국고문을 거쳐 주문에서 소전이 나오고, 육국고문은 예서로 발전되었으며, 예서에서 해서로 발전되고 여기서 다시 초서와 행서로 발전된 것은 아니다.

위에서 살펴본 것으로부터 우리는 한자체의 변천 과정을 다음과 같은 두 가지의 측면에서 정리할 수가 있다.

첫째, 자체 변화의 연계성으로 볼 때, 가장 처음에 도문이 존재했고, 이것이 갑골문을 거쳐 금문으로 변한 다음, 주문과 육국고문으로 연결되었으며, 주문은 다시 거의 동시기에 소전과 예서로 발전되었으며, 이 중에서 예서는 초서로 변화되었지만 사실상 함께 사용되다가 예서와 초서의 중간 형태인 해서가 나왔다. 해서는 예서에 비해 쓰기에 편하고 초서에 비해 식별이 용이해 지금까지 가장 많이 통용되는 자체이나 해서가 나온 지 얼마 되지 않아 일반적으로 쓰기에 편한 자체로서 해서와 초서의 중간 형태인 행서가 출현되었으며, 이 역시 해서와 함께 현재까지 가장 많이 사용되고 있는 자체이다. 최근에 해서도 배우기가 어렵고 쓰기에도 불편함을 느껴 이를 간화한 간체가 출현되었는데, 간체는 주로 중국 대륙에서 많이 사용되고 있으나, 지나치게 간화에 치중한 나머지 동형이자가 많아지게 되어 지금은 더 이상의 인위적인 간화를 하지 않고 있다.

둘째, 시간과 공간적인 면에서 볼 때, 도문은 중국에서 약 7,000년 전부터 은대 중기까지 사용되었고, 갑골문은 은대 중기부터 서주초기까지 하남성을 중심으로 한 황하유역에서 사용되었으며, 금문은 서주초기부터 서주말기까지 사용되었으며, 사용된 지역은 갑골문과 거의 같다. 주문은 서주말기부터 전국초기까지 주로 서쪽 지역에서 사용되었으며, 동쪽 지역에서도 약간 사용되었다. 육국고문은 춘추중기부터 전국말기까지 동쪽 지역에서 사용된 글자이며, 소전과 예서는 똑같이 전국초기부터 중국 전역에서 사용되었는데, 소전은 한(漢) 이전까지 사용된 반면, 예서는 한대(漢代)까지 사용되었다는 차이점이 있다. 초서가 처음 사용된 것은 서한말기이며, 해서와 행서는 모두 후한시기에 처음 사용되기 시작했다. 간체는 1950년대부터 중국 대륙에서만 사용되고 있다.

18. 갑골문 해독(解讀)

第1片

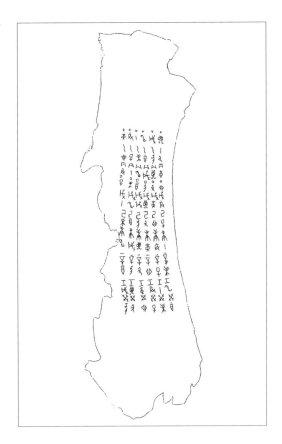

第2片

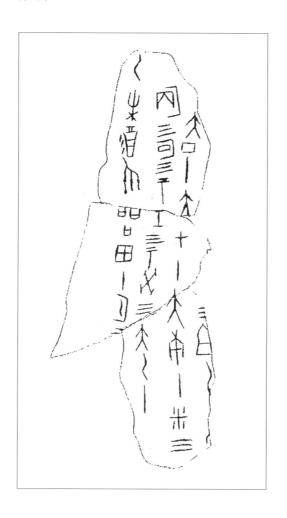

第3片 第4片

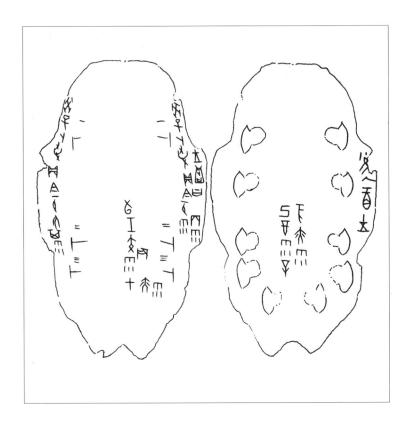

한자의 이해

第5片

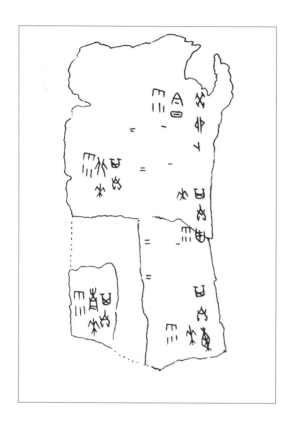

第6片

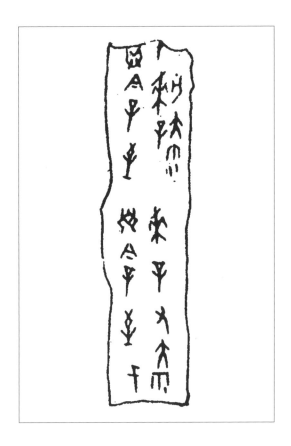

第7片

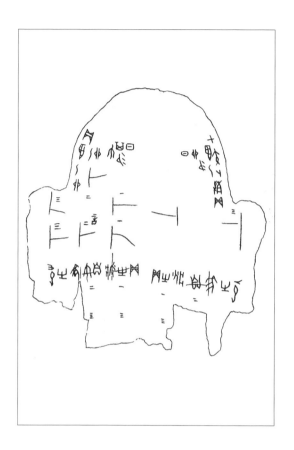

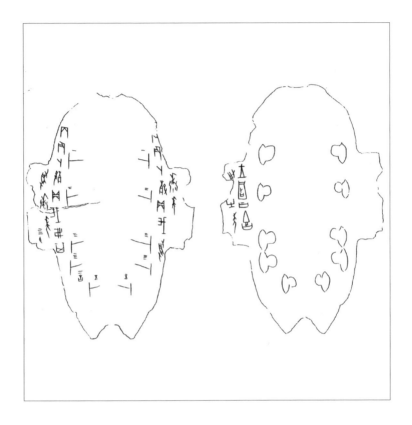

한자의 이해

第10片

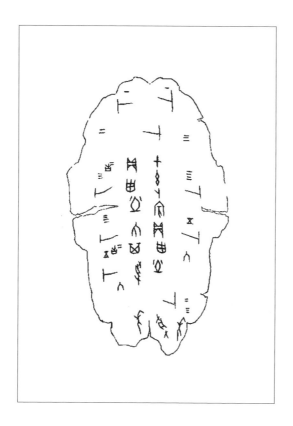

제3부 '동아시아와 한자'에 실은 두 편의 글은 각각 박진수의 논문 「동아시아 문화 교류의 전망과 언어 커뮤니케이션-한자 사용의 과거, 현재, 미래」(『亞細亞 文化硏究』 제8집, 韓國 暻園大學校 아시아文化硏究所 中國 中央民族大學 韓國文化 硏究所[공동간행], 2004.2.)와 「한자 문화와 근대 동아시아의 언어- 언어 민족주의 를 넘어서」(『아시아문화연구』 제11집, 경원대학교 아시아문화연구소, 2006.12.)를 수정·보 완한 것임을 밝혀둔다.

제3부

동아시아와
한자

19. 동아시아 문화교류의 전망과 언어 커뮤니케이션
— 한자 사용의 과거, 현재, 미래

1. 동아시아와 언어의 장벽

동아시아의 대륙 및 한반도, 일본열도 지역은 고대부터 오늘날까지 오랜 세월 동안 서로 접촉해오며 문화적인 통합성을 이루어 왔다. 중국 문화권, 한자 문화권, 유교 문화권 등의 표현은 역사적으로 이 지역이 다른 지역과 구별되는 하나의 특징적인 문화권임을 말해주고 있다. 그러나 이러한 특징은 반드시 여러 시대에 걸쳐 일관되게 밀접한 관계였음을 의미하지는 않는다.

고대에 있어서 당(唐)과 신라, 헤이안(平安) 왕조는 정치·군사·경제·문화적 측면에서 매우 긴밀하고 복잡한 관계를 유지했다. 중세, 근세에도 정도의 차이는 있을지언정 각국의 해금(海禁) 정책과 쇄국(鎖國) 정책 등으로 인해 제한적이지만 무수한 상호 교류가 이루어져 왔다. 19세기 이후 서구 세력의 동아시아 진출에 의해 각국의 개방·개항이 이루어졌으나 중국, 한국, 일본은 서로에 대한 문화적 관심을 갖기보다는 서구의 제도와 문물을 수용하는 데에 급급해 온 것이 사실이다. 그러면서 동아시아적 전통에 대해서는 오히려 배격하고 단절시켜 온 측면이 강하다. 20세기 중반 이후에도 동아시아는 냉전의 이데올로기에 의해 사회주의와 자본주의로 양분되어 왔다.

이러한 동아시아 국가들 간의 단절 현상은 1980년대 이후 탈냉전과 글로벌화가 진행되는 가운데 새로운 국면을 맞고 있다. 세계 도처에서 블록화 현상이 일어나고 그 자극을 받아 '동아시아'라는 용어가 일반에 널리 유통되고 동아시아인들 스스로가 동아시아의 정체성에 대해 관심을 갖게 되었다. 최근 수십 년 간의 비약적인 경제 발전과 함께 동아시아 공통의 정신문화 유산에 대한 가치가 재인식되고 경제적 문화적 기반을 공유하는 새로운 형태의 공동체의 필요성이 강조되고 있다.

그럼에도 불구하고 아직까지 동아시아 국가들의 상호 소통은 유럽 국가들 간의 그것에 비해 낮은 단계에 머물러 있다. 동아시아 국가들끼리의 경제적 교류가 활발한 것에 비해 특히 문화적 교류에는 아직도 많은 장벽이 존재한다. 동아시아가 과거와는 다른 의미에서의 동질적인 문화권을 형성하기 어려운 요소들이 그만큼 많다는 뜻이다. 그 대표적인 예로서 다음 두 가지 들 수 있다.

우선 하나는, 교육에 있어서의 자국중심주의(自國中心主義)를 들 수 있다. 아직도 중국, 한국, 일본은 모두 한 국가를 단위로 해서 학교 교육을 실시하고 있다. 현재 이들의 교육 목표가 훌륭한 세계인이나 동아시아인을 만들어내는 것이 아니라 훌륭한 '국민'을 만드는 데에 있음을 부정할 수 없다. 특히 언어, 역사, 지리 등의 분야에서 자국의 문화를 우선시하고 나아가 자국을 우월하게 표현하고 사고하는 경향이 뿌리 깊게 존재한다는 것이다. 이러한 경향은 동아시아 국가 간의 상호 이해를 어렵게 만드는 요소이다. 과거의 역사와 오늘날의 상황을 자국의 이익과 관련한 관점에서만 바라보는 것은 동아시아의 새 시대를 열어감에 있어서 결코 서로에게 도움이 되지 못한다. 하나의 사실을 바라봄에 있어서 오히려 상대편의 관점을 가져보는 노력을 할 필요가 있다.

또 하나는 언어의 장벽이다. 각기 상황이나 정도는 조금씩 다르지만 최근 중국에서는 일본어와 한국어 붐이 한국에서는 중국어와 일본어 붐이 일본에서는 중국어와 한국어 붐이 일고 있다. 그러나 아직까지도 중국어, 한국어, 일본어의 3개 국어를 자유자재로 구사할 수 있는 사람은 많지 않다. 유럽의 경우 상당수의 사람들이 인접한 국가의 외국어를 두세 가지 구사할 줄 아는 것에 비하면 장구한 역사를 통해 끊임없이 관계를 가져온 동아시아 삼국의 이러한 언어적 장벽은 오히려 기묘한 현상이라 할 수도 있다.

이러한 점에서 필자는 두 번째 문제인 언어의 장벽에 관해 생각해 보고자 한다. 이것은 사실상 첫 번째 문제 즉 자국중심주의와도 깊은 내적 연관을 갖고 있기 때문이다. 언어 커뮤니케이션은 단지 언어 자체의 문제가 아니라 동아시아 국가들 간의 문화 교류의 증진과 동일 문화권으로서의 정체성 확립에 중요한 요소인 것이다. 우선 역사적으로 고찰하고 현시점에서의 바람직한 방향을 모색해 보고자 한다. 그럼으로써 새로운 문화적 공통기반을 형성해 가는 데에 하나의 실마리를 찾을 수 있었으면 하는 바램이다.

2. 과거와 현재의 언어 상황 비교---한문에서 영어로

약 300백 년 전 과거의 상황과 지금을 비교해보는 것이 이해에 도움을 줄지 모른다. 18세기에 조선의 사신들(청-연행사, 일본-통신사)은 여러 명의 통역을 데리고 다녔다. 그 사신들은 대부분 중국어나 일본어를 모르는 사람들이었다. 그러나 그들은 상대국의 관리들과 제한적이기는 하지만 직접 대화가 가능했다. 한자·한문을 매개로 한 필담(筆談)을 통해서였다. 물론 공식적인 회담에서는 통역을 통해서 정확한 의사소통이 이루어졌겠지만 사적인 교류의 장에서는 (종이와 붓이 필요하다는 다소의 불편함은 있었겠으나) 바로 이 필담을 통해 인간적인 친분을 쌓았다. 때로는 자신의 지식과 교양을 한시(漢詩)를 통해 과시하기도 했다.

당시에는 동아시아의 교양인이라면 누구나 한문이라는 공통의 커뮤니케이션 수단을 잠재적으로 갖고 있었던 셈이다. 조선이나 일본의 교양인들에게 있어서 한문은 일종의 '외국어 문장'임에는 틀림없었으나 그것이 '외국어'라는 의식은 대단히 희박했던 것 같다. 이들은 중요한 문제는 모두 한문의 언어구조 속에서 사고하는 사람들이었다. 이와 비슷하게 몇몇 예외적인 경우를 제외하면 조선이나 일본의 유학자들은 중국의 고전에 관해서도 결코 '외국 문화'라고 생각하지 않았다. 당시의 감각에서 보자면 선진적이며 보편적인 중국문명은 전 인류가 잘 배워서 받들어야 할 뛰어난 본보기이자 규범이지 자기의 문화와는 이질적인 타자의 문화가 아니었다.[01]

그런데 오늘날 한국인과 중국인, 중국인과 일본인, 한국인과 일본인 간의 대화나 동아시아 삼국이 모인 학술대회 등에서의 대화·발표·토론은 영어를 공용어로 하여 이루어지는 경우가 더 많다. 또 오늘날의 중국, 한국, 일본의 대학생들은 필담이 아니라 영어로 의사소통을 한다. 말하자면 공통의 커뮤니케이션 수단이 이제는 한문에서 영어로 바뀐 것이다. 그

---

01 가와모토 고지, 「일본에서의 일본 문화 연구와 외국 문화 연구의 문제점과 그 극복 방안」, 『日本文化硏究』제6집(한국일본학협회, 2002년 5월), p.7. 참조.

런데 달라진 점은 과거에 유학자들이 한문을 외국어로 생각하지 않았지만 오늘날의 대학생들의 의식 속에서 영어는 분명한 외국어라는 것이다.

필담의 특징은 조선인이냐 중국인이냐를 떠나 한문 교양의 수준을 통해 대화의 질을 만들어 간다. 그러나 영어에 의한 의사소통은 교양의 많고 적음이 아니라 누가 더 영어에 친숙하냐에 따라 커뮤니케이션의 주도권이 좌우될 수가 있다. 서로 자기 것(모국어)이 아닌 남의 것(외국어)을 구사하며 의사를 전한다. 일견 평등한 것으로 보이지만 사실은 서로가 만족스럽지 못한 불충분한 이해에 머물러도 견뎌야 하며 서로가 똑같이 서로를 소외시키는 대화를 하고 있는 것이다.

여기서 우리는 한자의 중요성을 새삼 인식할 필요가 있다. 한자라는 공통의 문화적 기반을 가지고 있으면서도 그것이 동아시아 국가들 간의 커뮤니케이션에 충분히 활용되지 못하고 있다는 생각이 들기 때문이다. 한자는 중국의 언어를 기반으로 생겨난 것이지만 한국어와 일본어에 완전히 용해되어 한국문화와 일본문화의 중요한 토대를 이루고 있다. 한국어와 일본어 어휘의 70 내지 80퍼센트가 한자어이고 또 나머지 어휘도 사실상 한자에서 유래된 것이 많다. 그럼에도 불구하고 한자가 오늘날 중국, 한국, 일본인들 간의 커뮤니케이션에서 커다란 역할을 못하고 있는 데에는 각국 나름대로의 사정이 있었기 때문이다. 그것을 하나하나 살펴보기로 하자.

3. 중국에서의 한자의 발명과 현대적 변용

우선 중국의 경우부터 살펴보자. 수천 년 전에 고대의 중국인은 한자를 발명했다. 고대 중국인들에게 있어서 한자는 그 자체가 자신들이 사용하는 말을 그대로 반영한 문자였다. 진·한 시대에 이미 지금과 거의 같은 자체(字體)가 확립되었고 중국인들은 자신의 말을 한문을 통해 기록하고 표현했다.[02] 그런데 중국은 선진(先秦) 시대부터 각 지역 간의 방언의 차이가 매우 컸기 때문에 구어로는 서로 말이 통하지 않았다. 필담도 원래는 지역이 다른 중국인들 간의 의사소통의 방법이다. 이러한 점에서 한자는 중국에서 각 지방의 방언을 묶어주는 문자체계였으며 일종의 공통어 역할을 했던 것이다.[03]

그러나 근대 이후 서구와의 접촉을 통해 표음문자의 우수성이 선전되면서 한자의 폐해가 지적되었다. 근대 이전에는 조선, 일본과 마찬가지로 중국에서도 한자는 지식계급 혹은 통치계급의 전유물이며 일반대중들의 언어표현 수단은 아니었다. 1930년대 대중화(大衆話) 운동 등 한자 개혁론과 라틴문자화 운동이 맞물려 진보적 지식인들 사이에서 한자에 대한 비판과 개혁 작업이 활발하게 추진되었다("漢字不滅, 中國必亡.", 魯迅).[04]

실제로 이러한 운동은 지금 생각해도 상당한 성과를 거두었다. 문맹률이 80%에 달하던 상황에서 1952년 마오(毛) 정부는 범국가 사업으로 중국문자개혁위원회(中國文字改革委員會)를 발족시키고 한자 개혁 작업에 들어갔다. 1955년 이체자(異體字)를 정리하여 1,053자를 폐지하고 1956년 한자간화방안(漢字簡化方案)을 공표하고 간자화(簡字化)를 추진했다. 1964년에는 '간화자총표(簡化字總表)'를 확정 발표하여 간체자의 체계를 확립했다. 1957, 8년에는 '한어병음방안(漢語拼音方案)'을 확정하여 한자의 음을 라틴

---

02 大島正二, 『漢字と中國人』(東京, 岩波書店, 2003), pp.9-10. 참조.

03 최영애, 『漢字學講義』(서울, 통나무, 1995), p.28.

04 위의 책, p.18. 참조.

한자의 이해

자모로 표기하는 등 일련의 한자 정리와 개혁 작업을 완료했다.

한편 글자 수에 있어서도 개혁이 단행되었다. 1988년 국가교육위원회(國家敎育委員會)와 국가어언문자공작위원회(國家語言文字工作委員會)에서 '현대한어상용자표(現代漢語常用字表)'를 새로 만들어 공동으로 공표했는데 상용자 2,500자와 차상용자 1,000자를 합해 3,500자를 실었다. 같은 해에 국가어언문자공작위원회는 국가신문출판서(國家新聞出版署)와 공동으로 '현대한어통용자표(現代漢語通用字表)'를 공표했는데 상용자 3,500자와 비상용자 3,500자를 합해 총 7,000자를 싣고 있다. 한 통계에 따르면 상용자 3,500자는 출판물의 99.48%를 커버한다고 한다.

간체자가 단계적이나마 사용되기 시작한 1955년부터 20여년이 지난 1982년의 조사에서 중국의 문맹률은 23%로 현격히 줄었다. 이렇게 문맹률을 줄이게 된 것은 간체자 보급의 덕택이며 전체적으로 볼 때 중국의 한자개혁은 긍정적인 평가를 받고 있다. 문제는 오늘날 간체자만으로 한국인, 일본인과 의사소통이 가능한가 하는 것이다. 물론 중국 내 13억 인구는 간체자를 통해 의사소통을 하고 있지만 주변국들과의 커뮤니케이션과 4천년의 장구한 역사가 낳은 고전과의 만남은 간체자만으로 충분한가를 생각할 필요가 있는 것이다.

4. 한국의 한자 문화와 한글 전용

한국의 경우는 어떠한가? 한국에 한자가 전래된 시기는 명확하게 알 수 없지만 한무제(漢武帝)가 B.C. 108년 한반도에 한사군을 설치하면서 한자가 대거 들어온 것으로 생각할 수 있다. 그 후 4세기에서 6세기 사이에 고구려, 백제, 신라 삼국이 중국의 역대 왕조와 경쟁적으로 교류를 하면서 한자는 계속 유입되어 늦어도 6세기에는 통치 계층에서 한문을 널리 사용하고 문어(文語)로 삼았을 것으로 추정한다. 고구려의 광개토대왕의 비문(414), 백제의 『서기(書記)』(369?), 신라의 지눌왕 때(500~514)에 중국식 군현제를 받아들여 왕(王)이라는 칭호를 사용한 것 등이 한반도 내부에서 한자를 사용한 최초의 증거이다. 한편 한자의 음 혹은 뜻을 따다가 고유어의 표기에 변형적으로 음을 대입시킨 이두(吏讀), 향찰(鄕札)을 사용하기도 했다. 이후 고려, 조선을 거쳐 20세기에 이르기까지 한자는 주로 공식 문서나 교양인의 표기수단이 되어 왔다. 고려 때부터 실시된 과거제도의 영향으로 어떤 면에서는 중국보다 더 철저하게 한자를 배우고 내면화했다.

1443년 한글이 만들어지는데, 훈민정음(訓民正音)이라 불리던 이 '한글'은 한자와는 근본적으로 다른 문자이다. 조선 왕조의 현군 세종(世宗)이 당시 중국과 인도의 성운학을 참고하여 학자들과의 연구 끝에 한국어의 음운 체계에 맞게 만든 매우 인공적인 표음문자이다. 그러나 19세기 말까지 한글은 언문(諺文) 혹은 암클이라 하여 여성이나 어린이들이 사용하는 문자로 비하될 뿐 여전히 지식인의 주요 표현수단은 한자·한문이었다.

그러던 것이 개화기 민족의식의 고양과 함께 한국어와 한글에 대해 민족어, 민족 고유의 문자라는 점을 자각하게 되고 한글운동이 전개되면서 공문서 등에도 점차 한글을 쓰게 되었다. 그런데 일제식민지 시대를 통해서 공식적으로는 일본어를 소위 '국어'로 하는 교육이 강제되었으므로 한글에 대한 강한 애착이 한국인들의 의식 속에 생겨나게 되었다. 이러한 맥락 속에서 1945년 해방 이후 한자, 일본어, 영어 등 일체의 외래적인 언어의 영향을 의식적으로 배제하고 민족어의 순수성을 고집하는 경향이 학교 교육의 현장에서부터 자리 잡았다.

1950년대부터 한자폐지론 혹은 한글전용론이 대두되어 여러 차례 열
띤 찬반 논쟁을 벌였다. 70년대의 한 때는 중고등학교 교과 과정에서 한자
를 모두 없애는 바람에 학교 교육에서 한자를 하나도 못 배운 '한글전용
세대'가 탄생되기도 했다. 그러나 한자를 여전히 사용하고 있는 사회생활
과의 괴리 때문에 문교부(교육부의 옛 명칭)에서는 1,800자의 한문교육용 한
자를 선정하여 현재 중고등학교 및 초등학교에서도 한자를 가르치고 있
다. 최근에는 중국어와 함께 한자 조기 교육의 붐이 일고는 있지만 이제는
일간신문을 비롯한 간행물의 완전한 한글화와 컴퓨터의 보급 등 사회적
상황이 매우 변하여, 20대 이하의 젊은이들 가운데 교육용 한자 1,800자를
실제 체득하고 있는 사람은 극히 드물다. (참고로 북한에서는 매우 급진적이고 극
단적인 방식으로 한글전용을 실시한 바 있다. 1949년부터 한자를 전면 폐지하고 이후의 모
든 간행물에서 한글만을 쓰고 있다.)

한국의 한글 전용론자들은 한글이 표음문자 체계이므로 한국어의 모
든 소리를 기록할 수 있고 한자를 전혀 사용하지 않아도 완벽한 문자언어
생활을 영위하는 데에 별반 지장이 없다고 한다. 그러나 본 발표자의 생각
은 다르다. 어휘의 70%가 한자어이고 특히 중요한 명사나 전문용어의 대
부분이 한자어에서 온 것인 이상 한자가 전면 폐지되었을 경우 어원에 대
한 의식이 전무하게 된다. 어원에 대한 의식은 의외로 중요한 문화적 자산
이다. 하나의 개념을 정확하게 인식하고 다른 개념과 명확하게 구분하여
적절하게 사용하는 것은 언어생활을 풍요롭게 하는 바탕이다. 또한 한국
어에서 한자를 쓰지 않게 되면 조어력(助語力)에 있어서도 영향을 받을 수
밖에 없다. 이는 교육과 문화의 질과 수준에 있어서 심각한 문제를 초래하
게 된다.

이러한 한국어 내부의 문제와 함께 중국인, 일본인들과의 커뮤니케이

션의 중요한 도구를 잃게 된다는 것은 말할 필요도 없다. 현재 한자의 사용과 교육이 가장 심각한 위기에 처해 있는 것은 동아시아 삼국 중 한국이다. 2000년 간 한자를 사용해 오면서 나름대로 고도의 한자 문화를 발전시켜 온 한국의 문화유산을 생각할 때 안타까운 일이다.

5. 일본의 한자 수용과 한문훈독의 전통

일본의 경우는 한국과 비슷한 점도 있지만 대단히 특이하다. 고대 일본에서 최초로 문자를 사용한 시점은 AD.57년 후한에 사신을 보낸 노국왕(奴國王)이 책봉을 받은 데서 비롯된다. 당시의 사신은 국서(國書)를 휴대하게 되는데 이는 일본의 입장에서 볼 때 중화(中華)적인 문자 세계로의 편입을 의미한다. 사회가 성숙하면서 자연스럽게 문자를 배우게 된 것이라기보다는 문자라는 특수 기술이 정치적으로 갑자기 도래한 것이었다. 그 후 일본 국내에서 문자가 사용된 흔적은 없으나 5세기 경의 것으로 추정되는 이나리산(稻荷山) 고분에서 출토된 철검명(鐵劍銘)이 일본 열도 내부에서 한자를 사용한 최초의 예로 보인다. 5세기에서 6세기 사이에는 한반도의 백제를 거쳐서 또는 중국으로부터 직접 지속적으로 한자가 전래된 이후 7세기 후반 율령제도의 확립과 함께 문자가 지방에까지 퍼져 실용적 레벨에까지 확대 되었다.[05]

그런데 7세기 후반부터 한자는 일본 내에서 고유어와의 일정한 회로

---

05   고노시 다카미쓰, 「문자와 말 -동아시아 세계에서의 고찰」, 『日本文化研究』제7집(동아시아일본학회, 2002년 10월), pp.7-9. 참조.

를 갖게 된다. 『고지키(古事記)』(712), 『만요슈(万葉集)』(750?) 등에서 보듯이 신라의 이두나 향찰과 같은 만요가나(万葉仮名)를 사용했다는 것이다. 8세기에는 한자의 획을 단순화하거나 변형한 가나(仮名) 문자가 발명되면서 한국과는 달리 한문훈독(漢文訓讀)이 비약적으로 발달하여 한문을 일본어로 읽는 일종의 특수한 번역 문체가 자리를 잡았다. 한문훈독의 전통은 오늘날의 일본어를 형성한 중요한 요소라 볼 수 있다. 그렇지만 공적인 문서나 관료들의 기록은 대부분이 한문이었고 일본 문자를 가나(가짜 글자)라고 부른데 반해 한자를 마나(眞名, 진짜 글자)라고 부르는 고유문자 비하의 전통은 한국과 비슷하게 일본에도 존재했다.

그러나 중국과 육로로 연결된 한국의 지식인들이 한문을 가능한 한 원음 그대로 읽으면서 해독하고 작문을 했던 것과는 대조적으로 지리적으로 대륙과 떨어진 일본의 지식인들은 한문에 훈점(訓點)을 찍으며 일본어로 읽었다. 더구나 한국과 같은 과거제도의 전통이 없었기 때문에 직독직해(直讀直解)의 필요성이 크지 않았고 오로지 뜻을 이해하고 실용적인 차원에서 사용하려는 이러한 편의성이 아무런 문제가 되지 않았다. 그러한 면에서 소위 국한문혼용체(國漢文混用體)의 문장이 하나의 문체로서 일찍부터 확립되었다.

그러던 것이 에도 시대 말기 서구의 영향으로 말미암아 마에지마 히소카(前島密)의 『한문폐지건의문(漢文御廢止之義)』에서 시작된 일련의 언문일치일치 운동이 전개됨으로써 중요한 전환기를 맞게 된다.[06] 19세기 말까지 표기의 문제를 놓고 완전한 로마자화 혹은 가나 문자화를 주장하는 사람들도 있었으나 우여곡절 끝에 오늘날과 같은 한자·가나 혼용문이 성립

---

06   山本正秀, 『近代文体発生の史的研究』(東京, 岩波書店, 1965), p.14. 참조.

되었다. 근대 초기 한국에도 언문일치 운동이 있었으나 주로 한글 전용이라는 표기의 문제에 초점이 맞추어졌던 것과는 달리 일본의 언문일치 운동은 문어 문장에서 구어 문장으로의 전환이 그 중심이었다.[07]

메이지(明治) 초기부터 한자 제한론이 대두해 2,000자 내지 3,000자만 있으면 충분하다는 주장이 나왔다. 1923년 임시국어조사위원회가 발표한 상용한자(常用漢字)는 1,962자, 1942년 국어심의회가 제시한 표준한자(標準漢字)는 2,528자였는데, 제2차 세계대전이후 1946년 국어심의회는 1,850자를 당용한자(當用漢字)로 정해 공포했다. 또 이 중 의무교육에서 읽고 쓸 수 있도록 한 교육한자(敎育漢字)를 따로 정했다. 이러한 과정에서 한자의 표기가 일본 내에서 통일되었고 자체를 약자체로 간소화했다. 그런데 최근 들어 컴퓨터 등의 보급으로 인해 동음이의어에 의한 혼동을 피하는 범위에서 가능한 한 한자를 쓰지 않는 경향도 생겨나고 있다.

6. 동아시아의 미래와 상호이해

앞서 살펴보았듯이 중국을 포함한 동아시아 삼국은 그 역사적 변천과정을 통해 한자를 각기 나름의 방식으로 발전시켜 왔다. 한국과 일본은 중국어와 언어 체계가 전혀 다름에도 불구하고 20세기까지 약 2000년간 계속해서 한자를 토대로 문화를 형성했다. 동아시아 문명권은 이와같이 한자를 매개로 형성되어 왔고 앞으로도 형성되어 가리라고 생각된다. 문제

---

07 박진수, 「한·일 근대 소설의 성립과 「언문일치」」, 김채수 편, 『韓國과 日本의 近代言文一致體 形成過程』(서울, 보고사, 2002)

한자의 이해

는 근대 이후 지금까지 한자에 관한 동아시아 삼국의 공통된 표준화 노력이 전혀 없었다는 것이다. 그것은 바로 여태까지 중국, 한국, 일본이 제각각 자국중심주의에 사로잡혀 동아시아의 일원이라는 자각을 할 여유가 없었기 때문이다.

여기서 한 가지 유념해야 할 것이 있다. 동아시아 문명권에서 한자를 매개로 문화 교류를 확대하고 한자에 대한 표준화의 노력을 기울인다고 해서 어떤 하나의 획일적인 기준을 정해 강요하는 방식이 되어서는 안 된다는 것이다. 동아시아의 문화 상황은 이제 과거와 같이 하나의 중심과 여러 개의 주변으로 나누어볼 수가 없고 상하 관계에 의해 파악될 수도 없으며 또 그래서도 곤란하다. 각 지역의 특성이 인정되고 다양성이 유지되는 조건에서 새로운 방향이 모색되어야 한다. 문화에 있어서야 말로 철저한 '비(非)지배의 원칙'이 관철되어야 한다. 이러한 점에서 동아시아의 미래에 보다 활발한 커뮤니케이션와 상호 이해의 길을 열어가기 위해 다음과 같은 제안을 할 수 있다.

첫째로 장기적인 안목으로 동아시아의 중국, 한국, 일본(가능하다면 북한과 베트남까지 포함하여)이 현재 사용하고 있는 한자를 표준화하는 공동의 노력을 기울인다는 것이다. 여기에는 컴퓨터의 사용을 전제로 한 문서 소프트 등의 개발도 시야에 두어야 할 것이다. 그리고 둘째로는 서양어에 대한 번역어로서의 한자어를 공동으로 개발하고 유지한다는 것이다. 19세기 말 이후 일본에서 화제한어(和製漢語)가 대량으로 만들어진 바 있다. 현재 동아시아 삼국의 현대 어휘 중 상당 부분이 이 화제한어이다. 그런데 냉전 시대를 거치면서 서양어의 번역어가 서로 달라진 것들이 많다. 같으면 같은 대로 쓰고 달라진 것은 달라진 대로 보급하여 의미의 영역을 조금씩 확정해가면 서로 상호보완적으로 사용할 수가 있을 것이다. 셋째는 각국이 한자 교육을 강화해야 한다는 것이다. 한자가 어려워서 문맹을 만들어내던 시대는 지나가고 있다. 문맹이란 비유적으로 말하자면 절대빈곤의 상태와 같은 것이다. 이제는 문화의 질을 높이기 위해 한자를 보급해야 할 때이다.

여기에 하나 덧붙이자면 바로 동아시아 삼국의 각각의 민족어(속어, vernacular)에 대한 관심의 문제이다. 서양에서 한문에 해당되는 교양인의 보편공통어는 라틴어일 것이다. 그러나 라틴어를 해석하는 유럽 지식인의 수는 극히 한정되어 있는데다가 그 권위가 미치는 범위도 상당히 좁다. 왜냐하면 유럽에서는 이미 중세부터 각 민족의 속어, 즉 이탈리아어, 프랑스어, 스페인어, 영어, 독일어 등의 상호 교류가 활발히 이루어졌기 때문이다. 이에 비해 동아시아에서는 국제적인 외교·정치·통상·문화 등의 교류의 장에서 각국의 속어인 중국어(백화), 한국어, 일본어 등을 바로 사용해서 이야기하는 경우는 아주 적었다. 이는 고전 한문의 권위가 절대적이었기 때문이다. 지금은 그 권위의 중심이 영어로 바뀐 양상이다.

이러한 점을 고려할 때 동아시아의 원활한 언어 커뮤니케이션을 위해 다음 두 가지 방향의 노력이 필요하다고 본다. 우선 공통분모인 한자 및 한자어를 적극 활용하고 한편으로는 서로의 민족어에 대한 관심과 애정을 기울이고 교육하는 것이 그것이다. 이러한 노력을 해간다면 각국이 자국 중심주의를 벗어나 동아시아라는 공동의 장에서 교류의 즐거움을 느끼고 서로의 문화를 풍요롭게 할 수 있는 날이 머지않을 것으로 보인다.

한자의 이해

20. 한자 문화와 근대 동아시아의 언어
—언어 민족주의를 넘어서

1. 머리말

근대 이전까지 동아시아의 중국대륙과 한반도, 일본열도 지역의 국가들은 한자(漢字) 중심의 문자 생활을 영위해 왔다. 19세기 후반 서세동점(西勢東漸) 이후 중국, 한국, 일본은 각기 근대 국가의 수립 과정 중 표기 및 문자의 문제를 국가적 차원에서 새롭게 정립하게 되었다. 중국의 간체자, 한국의 한글전용, 일본의 국한문혼용체로의 변화가 그 결과를 잘 보여주고 있다. 근대 초기 중국, 한국, 일본의 지식인들 가운데는 전근대적 한자 사용의 문제점과 폐해를 지적한 사람들이 많았다. 서구 열강의 위협으로부터 벗어나는 것이 당면한 과제였던 당시의 분위기에서 이들의 지상 과제는 문명개화였고 그 모델은 알파벳 등 표음문자 체계를 갖고 있는 서구였다. 서구는 르네상스를 전후해 일찍부터 음성중심주의 언어관을 토대로 라틴어에 대한 지방 속어의 문장어를 개발하여 사용하고 있는 상태였다. 따라서 당시 동아시아의 지식인들은 문자 사용에 있어서도 전통과 문화적 맥락을 고려하기보다는 의사전달의 효율성만을 최우선시하여 까다롭고 배우기 어려운 표의문자에 비해 간편하고 알기 쉬운 표음문자 체계를 선호한 것이다.

동아시아에 있어서 이러한 문자 사용 구도의 변화는 각국의 '근대 국어' 성립과 밀접한 연관이 있다. 중국, 한국, 일본의 근대 국어 형성은 전통적으로 이 지역의 언어 문자 생활을 지배하고 있던 고전 한문 위주의 서술 체계와 그 권역(한자문화권)으로부터의 이탈 또는 그 해체로 인식되었다.[01] 특히 한국과 일본 등 중국을 제외한 한자문화권의 주변국에 있어서는 근대화가 곧 '탈중화(脫中華)'를 지향했고 근대 국어의 성립은 바로 한자·한문으로부터의 자립 내지 이에 대한 초극을 전제로 한 것이었다. 외래 문자인 한자를 배격함으로써 자국 언어의 '순수성'과 '고유성'을 담보한다는 언어 민족주의적 논리이다. 당시 이들 국가의 일부 지식인들에게 있어서 한자의 사용이란 답습해야 할 서구적 근대 문명에 역행하는 '야만'의 상징에 불과했다.

그러나 과연 한자는 그들의 생각처럼 비효율적이고 '야만'적인 문자인가? 1840년의 아편전쟁으로부터 시작된 서세동점(西勢東漸) 이후 160여 년이 지난 오늘날, 근대화가 가져온 문자 체계의 변화와 근대 이전의 전통에 비추어 동아시아 지역의 공통 문자였던 한자를 다시 생각해볼 필요가 있다. 이에 본 논문은 특히 한자가 이 지역의 정신적 공통 기반이라는 측면에 주목하면서 미래의 언어 생활에 있어서의 한자의 유용성과 의의 그리고 발전가능성에 관해 고찰해 보고자 한다. 먼저 한자가 동아시아에서 차

---

01 村田雄二郎, 「序 漢字圏の言語」 村田雄二郎, C·ラマール編, 『漢字圏の近代』(東京, 東京大学出版会, 2005), p.3.

한자의 이해

지하는 역사적 문화적 위상에 대해 살펴보고, 근대에 들어와서 어떠한 식으로 문자 체계가 개편되는지를 짚어본 후, 오늘날의 관점에서 볼 때 한자의 보편성과 자국어(소위 한국어, 일본어 등)의 고유성과의 관련 양상을 순서대로 파악해볼 것이다.

2. 한자와 동아시아 문화

우선 한자가 동아시아 문화에서 차지하는 위상과 역할에 대해 알아보자. 한자는 세계 4대 문명권 중의 하나인 황허(黃河) 유역에서 개발된 문자로서 인류 역사상 가장 오래된 문자의 하나이며 현재 쓰이고 있는 유일한 표의문자이다. 한자가 정확히 언제 누구에 의해 처음으로 쓰이기 시작했는지는 확정하기 어렵고 다만 '성인설'(聖人說), '창힐설'(蒼頡說)과 같은 전설이 존재할 뿐이다.[02] 대략 B.C. 2000년 경에 성립되어 B.C. 1500년 경에 기호로서의 체제가 정립된 것으로 추정되는 한자는 고대 중국인들에게 있어서 그 자체가 자신들이 사용하는 말을 그대로 반영한 문자였다.[03] 진·한 시대에는 이미 지금과 거의 같은 자체(字體)가 확립되었고 중국인들은 자신의 말을 한문을 통해 기록하고 표현했다.[04] 그런데 중국은 선진(先秦) 시대부터 각 지역 간 방언의 차이가 매우 컸기 때문에 구어로는 서로 말이 통하지 않았다. 한자는 중국에서 이러한 각 지방의 방언을 묶어주는 문자

---

02 大島正二, 『漢字と中国人』(東京, 岩波書店, 2003), pp.6-9. 참조.

03 ジョルジュ·ジャン, 『文字の歷史』(東京, 創元社, 1990), p.49. 참조.

04 위의 책, pp.9-10. 참조.

체계였으며 그러한 점에서 일종의 공통어 역할을 했던 것이다.[05]

한국의 경우는 어떠한가? 한국에 한자가 전래된 시기는 명확하게 알 수 없지만 한무제(漢武帝)가 BC. 108년 한반도에 한사군을 설치하면서 한자가 대거 들어온 것으로 생각할 수 있다. 그 후 4세기에서 6세기 사이에 고구려, 백제, 신라 삼국이 경쟁적으로 중국의 역대 왕조와 교류를 하면서 한자는 계속 유입되어 늦어도 6세기에는 통치 계층에서 한문을 널리 사용하고 문어(文語)로 삼았을 것으로 추정한다. 고구려 광개토대왕의 비문(414), 백제의 『서기(書記)』(369?), 신라의 지눌왕 때(500~514)에 중국식 군현제를 받아들여 왕(王)이라는 칭호를 사용한 것 등이 한반도 내부에서 한자를 사용한 최초의 증거이다. 한편 한자의 음(音) 혹은 뜻을 따다가 고유어의 표기에 변형적으로 음을 대입시킨 이두(吏讀), 향찰(鄕札)을 사용하기도 했다. 이후 고려, 조선을 거쳐 20세기에 이르기까지 한자는 주로 공식 문서나 교양인의 표기수단이 되어 왔다. 고려 때부터 실시된 과거제도의 영향으로 어떤 면에서는 중국보다 더 철저하게 한자를 배우고 한문에 의한 지식과 교양을 내면화했다.[06] 1443년 한글이 만들어지지만 19세기 말까지 언문(諺文) 혹은 암클이라 하여 여성이나 어린이들이 사용하는 문자로 비하될 뿐 여전히 지식인의 주요 표현수단은 한자·한문이었다.

일본의 경우는 한국과 비슷한 점도 있지만 대단히 특이하다. 고대 일본··에서 최초로 한자를 사용한 시점은 AD.57년 후한에 사신을 보낸 노국왕(奴國王)이 책봉을 받은 데서 비롯된다. 당시의 사신은 국서(國書)를 휴대

---

05 최영애, 『漢字學講義』(서울, 통나무, 1995), p.28.

06 박진수, 「동아시아 문화 교류의 전망과 언어 커뮤니케이션」, 『亞細亞文化研究』제8집 (경원대학교 아시아문화연구소, 2004년 2월), pp.29-30.

한자의 이해

하게 되는데 이는 일본의 입장에서 볼 때 중화(中華)적인 문자 세계로의 편입을 의미한다. 사회가 성숙하면서 자연스럽게 문자를 배우게 된 것이라기보다는 문자라는 특수 기술이 정치적으로 갑자기 도래한 것이었다. 그후 일본 국내에서 문자가 사용된 흔적은 없으나 5세기 경의 것으로 추정되는 이나리산(稻荷山) 고분에서 출토된 철검명(鐵劍銘)이 일본 열도 내부에서 한자를 사용한 최초의 예로 보인다. 5세기에서 6세기 사이에는 한반도의 백제를 거쳐서 또는 중국으로부터 직접 지속적으로 한자가 전래되었고 이후 7세기 후반 율령제도의 확립과 함께 문자가 지방에까지 퍼져 실용적 레벨에까지 확대 되었다.[07]

그런데 7세기 후반부터 한자는 일본 내에서 고유어와의 일정한 소통적 회로를 갖게 된다. 『고지키(古事記)』(712), 『만요슈(万葉集)』(750?) 등에서 보듯이 신라의 이두나 향찰과 같은 만요가나(万葉仮名)를 사용했다는 것이다. 8세기에는 한자의 획을 단순화하거나 변형한 가나(仮名) 문자가 발명되면서 한국과는 달리 한문훈독(漢文訓讀)이 비약적으로 발달하여 한문을 일본어로 읽는 일종의 특수한 번역 문체가 자리를 잡았다. 한문훈독의 전통은 오늘날의 일본어를 형성한 중요한 요소라 볼 수 있다. 그렇지만 공적인 문서나 관료들의 기록은 대부분이 순한문이었고 일본 문자를 가나(가짜 글자)라고 부른데 반해 한자를 마나(眞名, 진짜 글자)라고 부르는 고유문자 비하의 전통은 한국과 비슷하게 일본에도 존재했다.

이상에서 살펴본 바와 같이 한자는 근대 이전의 동아시아인들에게 있어서 절대적인 표기 체계였다. 오랜 세월을 통해 한자가 단지 표기를 위한

07　고노시 다카미쓰, 「문자와 말 -동아시아 세계에서의 고찰」, 『日本文化硏究』제7집(동아시아일본학회, 2002년 10월), pp.7-9. 참조.

시스템으로서만이 아니라 일상의 음성언어에도 영향을 주었을 것이고 사유의 바탕이 되는 기본적 개념어를 형성해왔을 것으로 본다. 이러한 면에서 비단 지식인들 뿐만이 아니라 민중의 언어에도 뿌리 깊게 관여했을 것임은 말할 것도 없다. 한국이나 일본의 경우 한자 어휘 또는 한자에 기원을 둔 어휘는 그 자체로서 혹은 변형을 통한 수많은 파생어를 낳으며 제각기 자체적으로 발전해 갔다.

또 하나의 주목할만 한 예로서 일본에서 만들어진 근대 화제한어(和製漢語)가 한국과 중국으로 '역수출'된 현상을 들 수 있다. 메이지 유신(明治維新, 1868) 이후 서구적 개념어의 번역어로서 2음절의 한자로 이루어진 많은 근대 신조어가 탄생했다. 오늘날 동아시아 각국에서 일상용어 혹은 전문용어로 사용되고 있는 많은 어휘가 이 때에 한자의 조합으로 만들어졌다. '사회'(社会, society), '개인'(個人, individual), '근대'(近代, modern), '연애'(恋愛, love 혹은 romance), '존재'(存在, being), '자연'(自然, nature), '권리'(権利, right), '자유'(自由, liberty 혹은 freedom), '소설'(小説, novel) 등등 일일이 열거할 수 없을 정도이다.[08]

이러한 어휘들은 현대의 일본어 뿐만 아니라 현대의 한국어와 중국어에서 각기 자국어의 한자음으로 읽혀지면서 중요한 개념어로 쓰이고 있다. 그런데 '역수출'이라는 비유 표현이 그러하듯 이러한 한자 및 한자어의 '자기 증식' 과정을 국가 대 국가라는 틀 안에서만 사고하는 것은 인간의 언어 현상에 대한 몰이해에서 비롯된 것이라 본다. 언어·문자 현상을 문화의 흐름 속에서 있는 그대로 받아들이는 것이 타당하다고 판단된다.

---

08 柳父章, 『翻訳語成立事情』(東京, 岩波書店, 1982)에 이들 어휘의 성립 과정에 대한 자세한 연구가 이루어져 있다.

3. 근대 국가와 문자 체계의 변화

다음으로 근대 이후 중국, 한국, 일본의 문자 체계의 변화과정을 간략히 살펴보자. 19세기 말 서구와의 접촉을 통해 표음문자의 우월성이 선전되면서 한자의 발상지인 중국에서조차 한자의 폐해가 지적되었다. 1930년대에는 한자 대중화(大衆話) 운동 등 한자 개혁론과 라틴문자화 운동이 맞물려 진보적 지식인들 사이에서 한자에 대한 비판과 개혁 작업이 활발하게 추진되기 시작하였다. 20세기 중국의 가장 유명한 작가 루쉰(魯迅)은 그 당시 "한자가 없어지지 않으면 중국은 필시 망하고야 말 것이다(漢字不滅, 中國必亡)"라는 극언까지 서슴치 않았다.[09] 실제로 이러한 운동은 문맹률을 낮추는 데에는 일정한 성과를 거두었다. 문맹률이 80%에 달하던 상황에서 1952년 마오(毛) 정부는 범국가 사업으로 중국문자개혁위원회(中國文字改革委員會)를 발족시키고 한자 개혁 작업에 들어갔다. 1955년 이체자(異體字)를 정리하여 1,053자를 폐지하고 1956년 한자간화방안(漢字簡化方案)을 공표하여 간체자화(簡體字化)를 추진했다.

간체자가 단계적이나마 사용되기 시작한 1955년부터 20여년이 지난 1982년의 조사에서 중국의 문맹률은 23%로 현격히 줄었다. 이렇게 문맹률을 줄이게 된 것은 간체자 보급의 덕택이며 전체적으로 볼 때 중국의 한자 개혁은 긍정적인 평가를 받고 있다. 문제는 오늘날 간체자만으로 한국인, 일본인과 의사소통이 가능한가 하는 것이다. 물론 중국 내 13억 인구는 간체자를 통해 의사소통을 하고 있지만 주변국들과의 커뮤니케이션과 4천년의 장구한 역사가 낳은 고전과의 만남은 간체자만으로 충분한가를 생

---

09   최영애, 앞의 책, p.18.

각해 볼 필요가 있다.

한국의 경우는 개화기 민족의식의 고양과 함께 한국어와 한글이 민족어, 민족 고유의 문자라는 점을 자각하게 되고 한글 운동이 전개되면서 공문서 등에도 점차 한글을 쓰게 되었다. 그런데 한편으로 일제식민지 시대를 통해서 공식적으로는 일본어를 소위 '국어'로 하는 교육이 강제되었으므로 한글에 대한 강한 애착이 한국인들의 의식 속에 생겨나게 되었다. 이러한 맥락 속에서 1945년 해방 이후에는 한자, 일본어, 영어 등 일체의 외래적인 언어의 영향을 의식적으로 배제하고 민족어의 순수성을 고집하는 경향이 학교 교육의 현장에서부터 자리 잡았다.

1950년대부터 한자폐지론 혹은 한글전용론이 대두되어 여러 차례 열띤 찬반 논쟁을 벌이게 되었다. 1970년대의 한 때는 중고등학교 교과 과정에서 한자를 모두 없애는 극단적인 조치까지 나와서 학교 교육에서 한자를 하나도 배우지 못한 '한글전용 세대'가 탄생되기도 했다. 그러나 한자를 여전히 사용하고 있는 사회생활과의 괴리 때문에 문교부(교육부의 옛 명칭)에서는 1,800자의 한문교육용 한자를 선정하여 현재 중고등학교 및 초등학교에서도 한자를 가르치고 있다. 최근에는 중국어와 함께 한자 조기 교육의 붐이 일고는 있지만 이제는 일간신문을 비롯한 간행물의 완전한 한글화와 컴퓨터의 보급 등 사회적 상황이 매우 변하여, 20대 이하의 젊은이들 가운데 교육용 한자 1,800자를 실제 체득하고 있는 사람은 극히 드물다.[10]

일본의 경우 에도(江戶) 시대 말기 서구의 영향으로 말미암아 마에지마 히소카(前島密)의 『한문폐지건의문(漢文御廃止之義)』에서 시작된 일련의 언문일치 운동이 전개됨으로써 한자·한문의 사용은 중요한 전환기를 맞

---

10   박진수, 「동아시아 문화 교류의 전망과 언어 커뮤니케이션」, pp.30-31. 참조.

게 된다.[11] 19세기 말까지 표기의 문제를 놓고 완전한 로마자화 혹은 가나 문자화를 주장하는 사람들도 있었으나 우여곡절 끝에 오늘날과 같은 한자·가나 혼용문이 성립되었다. 근대 초기 한국에도 언문일치 운동이 있었으나 주로 한글 전용이라는 표기의 문제에 초점이 맞추어졌던 것과는 달리 일본의 언문일치 운동은 문어 문장에서 구어 문장으로의 전환이 그 중심이었다.[12]

메이지(明治) 초기부터 한자 제한론이 대두해 2,000자 내지 3,000자만 있으면 충분하다는 주장이 나왔다. 1923년 임시국어조사위원회가 발표한 상용한자(常用漢字)는 1,962자, 1942년 국어심의회가 제시한 표준한자(標準漢字)는 2,528자였는데, 제2차 세계대전이후 1946년 국어심의회는 1,850자를 당용한자(當用漢字)로 정해 공포했다. 또 이 중 의무교육에서 읽고 쓸 수 있도록 한 교육한자(敎育漢字)를 따로 정했다. 이러한 과정에서 한자의 표기가 일본 내에서 통일되었고 자체를 약자체로 간소화했다. 그런데 최근 들어 컴퓨터 등의 보급으로 인해 동음이의어에 의한 혼동을 피하는 범위에서 한자의 사용이 최소화되는 경향도 생겨나고 있다.

4. 타자화된 한자, 한자어

한국의 한글 전용론자들은 한글이 표음문자 체계이므로 한국어의 모

---

11   山本正秀, 『近代文体発生の史的研究』(東京, 岩波書店, 1965), pp.90-92. 참조.

12   박진수, 「한일 근대 소설의 성립과 「언문일치」」, 김채수 편, 『韓國과 日本의 近代言文一致體 形成過程』(서울, 보고사, 2002), p.154참조.

든 소리를 기록할 수 있고 한자를 전혀 사용하지 않아도 완벽한 문자언어 생활을 영위하는 데에 별반 지장이 없다고 한다. 그러나 필자의 생각은 다르다. 어휘의 70%가 한자어이고 특히 중요한 명사나 전문용어의 대부분이 한자어에서 온 것인 이상 한자가 전면 폐지되었을 경우 어원에 대한 의식이 전무하게 된다. 어원에 대한 의식은 의외로 중요한 문화적 자산이다. 하나의 개념을 정확하게 인식하고 다른 개념과 명확하게 구분하여 적절하게 사용하는 것은 언어생활을 풍요롭게 하는 바탕이다. 또한 한국어에서 한자를 쓰지 않게 되면 조어력(助語力)에 있어서도 영향을 받을 수밖에 없다. 이는 교육의 질과 문화의 수준에 있어서 심각한 문제를 초래하게 된다. 이러한 한국어 내부의 문제와 함께 중국인, 일본인들과의 커뮤니케이션의 중요한 도구를 잃게 된다는 것은 말할 필요도 없다. 현재 한자의 사용과 교육이 가장 심각한 위기에 처해 있는 것은 동아시아 삼국 중 한국이다. 2천 년 간 한자를 사용해 오면서 나름대로 고도의 한자 문화를 발전시켜 온 한국의 문화유산을 생각할 때 안타까운 일이다.

그런데 여기서 필자가 주시하고자 하는 것은 공용문(公用文), 학술논문, 일상적 문장 등에서 한자를 사용할 것인지 말 것인지 또 초·중등 교육에서 한자를 가르칠 것인지 말 것인지 하는 실제적 레벨의 문제가 아니다. 중요한 것은 한자에 대해 오늘날의 우리가 갖고 있는 '의식'의 문제이다. '한국어'에 있어서 '한자', '한자어'란 과연 무엇인가?

약 2천년 간의 한자 사용의 역사를 지니고 있는 한국과 일본의 '국어' 학자들은 일찍부터 고유어 대 한자어(또는 외래어)라는 도식을 통해 한자와 한자어를 고유어의 영역에 침입한 이질적인 문화 요소로 파악하고 있다. 한반도 또는 일본 열도에 애초부터 음성 언어로서의 고유어가 존재했고 고대 국가의 형성 과정에서 문자 언어로서의 한자어가 수입되었다는 견해

한자의 이해

는 일견 매우 타당한 것으로 보인다.

　한국과 일본의 '국어' 학자들 사이에서 흔히 무자각적으로 거론되는 '고유어'(일본어에서는 '와고'[和語], 한국에서는 '순수한 우리말'이라고도 함) 개념에 대해 다시 생각해 볼 필요가 있다. 이른바 '고유어'란 한국에서도 일본에서도 "'한자어' 및 '외래어'를 제외한 원래부터 존재하던 자민족 고유의 언어, 즉 순수한 자국어"라는 개념이다. 한국어와 일본어의 하나하나의 어휘를 놓고 그 기원을 따져서 분류하는 방식의 적절성 여부를 재고해 보아야 한다. 그 배경에 깔려 있는 사상은 바로 다름 아닌 국가적·정치적 입장과 깊게 관련되어 있다는 혐의를 크게 벗어날 수 없다. '고유어'의 순수성이라는 이데올로기를 받아들이는 한 '한자어' 및 '외래어'는 한국어와 일본어 화자의 언어 문자 생활에서 소화되지 못하고 일정한 경계의 바깥으로 배제될 수 밖에 없다. '고유어' '한자어' '외래어'의 분류는 언어의 '혈통적' 순수성 정도에 따른 분류이기 때문이다.

　이와 같이 '고유어'의 선행적 존립을 전제한 언어 의식은 '고유어'의 대극점에 침입자로서의 '외래어'를 설정하게 된다. 그렇다면 '외래어'에 비해 '한자어'는 아주 오래 전에 고유어에 침투하여 세월을 통해 다소 동화되어 온 인상을 주는 '불가피한 타자(他者)'로서 인식되는 것일까? 이는 마치 순수한 혈통의 고유한 민족이 있고 외래 민족이 귀화인 혹은 도래인으로서 정착되었다고 보는 순혈주의적 사고의 언어적 버전이다. 자국어에의 동화 정도에 따라 '차용어' '귀화어' '동화어' 등으로 부르는 경우가 있는 것을 보아도 이는 국적 문제의 메타포(metaphor)에 다름 아니다.[13]

13　子安宣邦,『漢字論 不可避の他者』(東京, 岩波書店, 2003), pp.6-10. 참조.

5. 자국어의 고유성에 대한 집착

고유어, 한자어, 외래어라는 도식은 19세기 유럽의 낭만주의 이후 전개된 민족 개념과 일치하는 근대적 사고의 한 패턴이며 그 자체가 동아시아를 기준으로 볼 때 사실상 '외래'의 논리이다. 이러한 논리의 근원은 어찌보면 가깝게는 일본의 국학자 모토오리 노리나가(本居宣長, 1730-1801)에서부터 비롯된다. 그의 '국학'은 유학, 불교 등 이른바 외래 사상을 철저하게 배격하고 '있는 그대로'를 존중하는 일본 고유의 '고도(古道)'를 이상으로 함으로써 메이지 시기의 국수주의에 근거를 주었다고 비판받고 있다. 지금 생각해 볼 때 그는 19세기 초엽 유럽의 낭만주의적 문학관과 우연히 궤를 같이하면서 일본 '근대'의 정신적 기반을 만든 사람이다. 그가 살았던 시대는 비록 일본의 근대화가 본격적으로 시작된 메이지 유신과 반 세기 이상의 시간적 격차가 있지만 18세기 말부터 시작된 서구 열강의 대외 확장이라는 심상치 않은 위기감을 당시 많은 선각적 지식인들이 공유하고 있었을 것이고 그도 그 중 하나이다.

모토오리 노리나가가 '순수 일본'의 전형으로 삼고 있는 일본 최초의 역사서 『고지키』(古事記, 712)와 가집 『만요슈』(万葉集, 750?)는 한자로 표기되었으나 기본적으로 일본식의 문체(和文体)로 쓰여졌고 고대 일본의 신화 등을 담고 있다. 이 당시는 가나 문자가 발명되지 않았기 때문에 한자를 표기 수단으로 하되 그 한자를 때로는 표의기호로 때로는 표음기호로 사용했던 것이다. 그러나 사실상 모든 표기를 한자에 의존하는 한 이야기나 노래의 내용이 한자의 영향을 받지 않을 수 없다. 더구나 8세기는 7세기 초부터 견수사(遣隋使)와 견당사(遣唐使)가 파견되어 그들을 통해 받아들인 선진적 중국문화의 압도적 영향 하에 외래 문화에 대한 철저한 학습과 모방이

한자의 이해

이루어지던 시기였다. 『고지키』는 국가의 역사를 기록한다는 행위 자체나 그 체제 및 표현양식에서 한시문(漢詩文)의 직접적 혹은 간접적 영향이 보인다. 전혀 한어(漢語)를 사용하지 않는 『만요슈』의 와카(和歌)도 순 일본어 시였지만 그 테마나 발상, 비유에는 한시의 영향이 드러난다. 모토오리 노리나가의 주장처럼 이 두 책에는 확실히 '옛 일본'이 숨쉬고 있지만 거기에는 외래문화와 토착문화가 너무나도 복잡하게 뒤섞여 있어서 화학실험을 하듯이 '순수 일본적인 것'을 추출할 수가 없다. 그렇다면 그는 왜 '순수 일본'을 찾아야 했을까? 이러한 민족 정체성의 추구는 세계사적 시각에서 일본을 둘러싼 시대적 정황에 직면한 지식인의 강한 자의식과 위기의식이 있었기 때문이다. 그는 18세기 말과 19세기 초에 오로지 민족의 '전통'이 었으면 하고 바라는 것을 찾아내고자 했을 따름이다. 있었다고 믿고 있는 것, 유감스럽게도 점차 사라져가는 것을 그대로 자신이 상상하는 과거에 투영하고 그 기원을 먼 옛날로 거슬로 올라가서 이를 본질화하여 그 때 부터 그것을 갖고 있었다고 강변하는 것에 지나지 않는다.[14]

이러한 것이 바로 '근대'라는 시대가 가져온 오늘날 심각한 증상 중 하나이다. 현대 한국어와 일본어에 있어서의 '고유어' 개념도 이와 맥락을 같이 하는 생각 속에서 배태된 것이 아닐까? '순수하게 한국적인 것' '순수하게 일본적인 것' 나아가 '순수하게 중국적이기만 한 것'이 실재하는가? 하는 물음을 동아시아인들은 지금 스스로에게 던져볼 필요가 있다. 고대부터 현재까지 동아시아 지역에서 많은 사람들이 이동하며 살아왔다. 남방

---

14 가와모토 고지, 「일본 문학의 전통과 근대-동아시아의 시점에서」, 『동아시아 문화교류와 상호 이해』(고려대학교 중일언어문화연구단 2006년도 국제학술 SYMPOSIUM 요지집, 2006년 10월 13~14일), pp.13-17 참조.

과 북방, 대륙과 반도와 열도를 오가며 많은 사람들이 혼주하고 잡거하며 지내온 가운데 어디가 자신의 땅이며 누가 자국인이고 누가 외국인인가? '국어' 혹은 '자국어'가 마치 자명하게 발화자의 외부에 존재하는 실체로서 인식되고 고유어의 어휘들이 가산 명사처럼 여겨지는 근대의 집착과 언어 민족주의적 강박관념을 어떻게 뛰어넘을지 지혜를 모아야 할 때이다.

6. 맺음말

그렇다면 한자와 한자어, 한문은 과연 현대의 중국어, 한국어, 일본어에 있어서 무엇인가? 한자는 근대 이전까지 동아시아 세계의 문화적 가치를 담지하는 중요한 매체였고 여러 집단들의 교류를 가능하게 하는 보편적 도구로 기능해왔다. 문자 체제와 정책이 달라진 근대 이후에도 서구의 개념을 무리없이 옮겨 담는 역할을 해온 필수불가결한 동아시아 공통의 그릇이었다. 그 때문에 동아시아에서 현재 사용되고 있는 한자어들은 교환가능한 공통의 개념어로서 존재한다.

고유어로서의 자국어의 경계를 넘어 이러한 문화적 공통 기반에 대한 재인식과 자각이 필요할 것이다. 이와 같은 점에서 동아시아는 같은 정신적 윤리적 기반, 같은 가치관, 비슷한 경험을 공유한 하나의 문화권으로서 공생의 길을 모색해야 한다. 한자와 한자어, 한문은 그 중요한 열쇠를 갖고 있을 것으로 생각한다.

저자 소개

최재준

가천대학교 중어중문학과를 졸업하고 중국문화대학에서 문학석사, 연세대학교에서 문학박사 학위를 받았으며 현재 가천대학교 아시아문화연구소 연구교수로 있다. 주요 논저로는 「『兮甲 盤』銘文 新釋」, 「商代 氣候에 관한 小考」 및 『살아있는 샤먼』(공역저) 등이 있다.

박진수

고려대학교 일어일문학과를 졸업하고 도쿄(東京) 대학에서 문학박사 학위를 받았으며 현재 가천 대학교 동양어문학과 교수(아시아문화연구소 소장 겸)로 있다. 주요 저서로는 『소설의 텍스트와 시 점』, 『근대 일본의 '조선 붐'』(공저) 등이 있다.

이지원

성균관대학교 중어중문학과를 졸업하고 미국 UCLA에서 문학박사 학위를 받았으며 현재 가천대학교 동양어문학과 교수로 있다. 주요 저서로는 『중국어 외래어의 연구』, *A iscourse analysis of secondand third-person pronoun repetitions in Mandarin Chinese conversation* 등이 있다.

한자의 이해

초판 1쇄 발행	2020년 12월 24일
초판 2쇄 발행	2021년 7월 6일

지은이	최재준 박진수 이지원
펴낸이	이대현
편 집	이태곤 문선희 권분옥 임애정 강윤경
디자인	안혜진 최선주 이경진
마케팅	박태훈 안현진

펴낸곳	도서출판 역락
출판등록	1999년 4월 19일 제303-2002-000014호
주소	서울시 서초구 동광로 46길 6-6 문창빌딩 2층 (우06589)
전화	02-3409-2060(편집), 2058(마케팅)
팩스	02-3409-2059
홈페이지	www.youkrackbooks.com
이메일	youkrack@hanmail.net

ISBN 979-11-6244-626-3 03700

＊ 이 도서의 국립중앙도서관 출판예정도서목록(CIP)은 서지정보유통지원시스템 홈페이지(http://seoji.nl.go.kr)와 국가자료종
합목록 구축시스템(http://kolis-net.nl.go.kr)에서 이용하실 수 있습니다.
(CIP제어번호 : CIP2020053220)

이 저서는 2018년도 가천대학교 교내연구비 지원에 의한 결과임.(GCU-2018-0705)